学研の
ヒューマンケア
ブックス

ワーキングメモリ による

実態把握と学習支援ができる本

つまずき分析チェック表 と
学習方法シート つき

湯澤正通 著

BOOK

目次

学習または行動面で著しい困難を示す子どもたち

　2022 年 12 月 13 日、文部科学省は、通常の学級に在籍する発達障害の可能性のある特別な教育的支援を必要とする児童生徒に関する2021 年度の調査結果を公表しました。それによると、通常の学級に在籍する小中学生の 8.8% に学習や行動に困難のある発達障害の可能性があるということです。2012 年の前回調査から 2.3 ポイント増えています。35 人学級であれば 3 人ほどの割合となります。

　発達障害そのものの割合が大きく変化することはあり得ないので、この増加は、「発達障害」の認知が現場の教師に広がったこと、最近の新型コロナウイルス感染による生活様式の変化や ICT の急速な進歩と普及による生活環境の変化などが背景にあると考えられます。いずれにしても、学校現場には、学習または行動面で著しい困難を示す、教師にとって「発達障害」のように見える子どもがたくさんいるということです。

　学校現場で教師は、このような子どもたちになんらかの対応をしながら、日々、授業を進めていかなければなりません。児童相談所や地域の教育センターなどでは、相談の順番待ちで、発達検査を受けるのに何か月も待たなければならない状況です。ようやく発達検査を受け、検査結果を受け取っても、数値の見方がよくわからず、どうしたらよいかわからないということもよく耳にします。学習または行動面で著しい困難を示す子どもたちへの対応がうまくいかないと、それらの子どもたちは学校に来なくなります。2022 年 10 月 27 日に文部科学省が公表した 2021 年度における小中学生の不登校者数は 24 万4940 人であり、前年度から 4 万 8813 人（24.9%）の大幅増となったそうです。

学習または行動面で著しい困難の原因をみとり、支援を考える

　　学習または行動面で著しい困難の原因はさまざまです。同じ読み書きの困難でも、記憶や思考の問題（ワーキングメモリの弱さ）に起因することもあれば、自閉スペクトラム症や注意欠如・多動症の特性に起因することもあれば、家庭での生活習慣の問題に起因することもあります。個々の子どもの示す学習または行動面での困難の原因をみとり、それに応じた支援を行わないと、効果が期待できないばかりか、子どもたちは無駄な努力を強いられ、ますます自信を失ってしまいます。本来、困難の原因を的確に診断するためには、いろいろな発達検査を行い、子どもに関する情報を集め、それらのデータに基づき総合的に診断する必要があります。ところが、前述のような現状を考えると、教師、保護者、支援者が自ら、子どもたちの困難のおおよその原因をみとり、支援を行っていくしかありません。

　　そこで、本書は、「つまずき分析チェック」によって、子どもたちの示す問題や困難からその原因を推測し、具体的な支援を考えていくことをねらいとしています。「つまずき分析チェック」によって、子どもの困難や問題の原因について、A. 言語領域のワーキングメモリ（WM）、B. 視空間領域の WM、C. 自閉スペクトラム症の特性、D. 注意欠如・多動症の特性、E. 発達性協調運動症の特性、F. 家庭環境の問題、の６つの要因が関与する割合を示します。これらの要因は、単一で困難や問題を引き起こすケースもあれば、複合しているケースもあります。10 人の典型的な子どもの例で解説していますので、それを参考に、ご自身の関わる子どもたちの困難や問題の原因をみとり、支援を考えることに役立てていただければ幸いです。

2023 年 10 月　湯澤正通

学習のつまずきとワーキングメモリ

〈図1〉ワーキングメモリのモデル図 ※人間の頭（脳）を上から見たもの

　ワーキングメモリ（WM）について少し解説しておこう。WMは、情報を一時的に覚えておきながら、目的に合わせて取り出し、考える働きである。情報には、主に、言葉や数などの音声情報と、位置や形などの視空間情報がある。音声情報は、脳の左側にある「言語的短期記憶」に保持され、視空間情報は、脳の右側の「視空間的短期記憶」に保持される。

　言語的短期記憶に保持された音声情報は、頭の額の裏側あたりに位置する前頭葉の中央実行系で処理されるが、これらの音声情報を覚えながら考える働きが、「言語性WM」である。他方、視空間的短期記憶に保持された視空間情報を中央実行系で処理する働きを「視空間性WM」と呼ぶ〈**図1**〉。

　このように、脳の左側と脳の右側は、それぞれ、音声情報と視空間情報を相対的に独立に取り扱っている。そのため、子どもの学習面での得意・不得意を支援するときには、「言語的短期記憶」と「言語性 WM」の「言語領域」と、「視空間的短期記憶」と「視空間性 WM」の「視空間領域」のうち、強い方を生かし、弱い方を補うような手立てを考えるとよい。

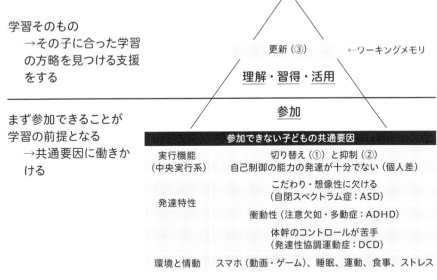

学習そのもの
　→その子に合った学習
　の方略を見つける支援
　をする

更新（③）　←ワーキングメモリ

理解・習得・活用

まず参加できることが
学習の前提となる
　→共通要因に働きか
　ける

参加

参加できない子どもの共通要因

実行機能 （中央実行系）	切り替え（①）と抑制（②） 自己制御の能力の発達が十分でない（個人差）
発達特性	こだわり・想像性に欠ける （自閉スペクトラム症：ASD） 衝動性（注意欠如・多動症：ADHD） 体幹のコントロールが苦手 （発達性協調運動症：DCD）
環境と情動	スマホ（動画・ゲーム）、睡眠、運動、食事、ストレス

〈図2〉学習の前提となる参加を妨げる要因と、理解・習得・活用を行うワーキングメ
　　モリの力を分けて学習支援方法を考える

　脳の中央実行系は、実行機能とも呼ばれ、①切り替え（シフト）、②抑制、
③更新の３つの要素から構成される。①切り替えは、「授業が始まるから、
頭や気持ちを切り替えて、授業に臨む」といった行動を支える。②抑制は、「今
は授業中なので、気が散るのを我慢して、先生の話を聞く」などの行動を支
える。③更新は、「授業の流れに沿ってWMの情報を絶えず新しく更新して
いく」ことである。更新できないと、授業が途中でわからなくなる。

　①切り替えと②抑制ができないと、そもそも学習が始まらないし、授業に
参加できなくなる（授業参加を妨げる要因は、そのほか、子どもの発達特性
や環境の影響などさまざまある）〈図２〉。

　参加できてはじめて、授業で教師の話をしっかり聞き続けられ（③更新）、
その内容を理解でき、知識として習得できる。そして、学習の最終的な目標
である、活用ができる。

　その子どものつまずきの原因が参加にあれば、参加できるように支援する
必要がある。他方、その子どものつまずきの原因が「WM」にあれば、学習

そのもの（理解・習得・活用）を支援する必要がある。

前ページの〈**図2**〉では、参加できない子の共通要因として、「実行機能」「発達特性」「環境と情動」とある。

前述のように、「実行機能」は①切り替え、②抑制、③更新の3つから構成されるが、「発達特性」に関してASD特性のある子では①切り替えに困難さを示すことが多く、ADHD特性のある子では②抑制に困難さを示すことが多い。また、ADHD、ASD以外の発達障害には、運動面での不得意さが著しくみられる発達性協調運動症（DCD）がある。

これらのことを考えると、学習に参加できない理由の多くは、発達障害の特性とそれによる二次障害にかかわりがあるとわかる。

そこで、本書では、子どもの学習場面などでの姿を次の6つの側面からチェックすることで、子どもが学習につまずいている理由を探っていく。

A	(WMの) 言語領域の力
B	(WMの) 視空間領域の力
C	ADHD傾向
D	ASD傾向
E	DCD傾向
F	家庭環境の問題

そして、子どもの学習でのつまずきを解決していくために、C〜Fの、学習の前提となる参加を妨げる共通要因に対して、環境を整えるなどの働きかけを行う。また、A・Bの、理解・習得・活用を行うワーキングメモリのうち、強い領域を生かして弱い領域を補うという視点で、子ども本人や保護者、ほかの支援者などと話し合いながら手立てを考えていく。

きほんの用語 一覧

A.（WMの）言語領域の力

　言葉や数などの音声情報を覚えておく「言語的短期記憶」と、音声情報を処理しながら、覚えておく「言語性WM」を合わせて、本書では「言語領域」の力と表す。

B.（WMの）視空間領域の力

　形や位置などの視空間情報を覚えておく「視空間的短期記憶」と、視空間情報を処理しながら覚えておく「視空間性WM」を合わせて、「視空間領域」の力と表す。

C．ADHD傾向

　ADHD（注意欠如・多動症）の特性である、①不注意、②多動性、③衝動性、のうちどれか1つ、もしくは重複して顕著であり、それにより生活や学習に支障がある場合を指す。

D．ASD傾向

　ASD（自閉スペクトラム症／自閉症スペクトラム障害）の特性である、①人とのかかわり、コミュニケーションが苦手、②興味の偏り、こだわりが強い、③感覚の偏り、動きがぎごちない、のうちどれか1つ、もしくは重複して顕著であり、それにより生活や学習に支障がある場合を指す。

E．DCD傾向

　DCD（発達性協調運動症）の特性である、①全身運動（粗大運動）が苦手、②手先の細かい作業（微細運動）が苦手、のうちどちらか1つ、もしくは両方が顕著であり、それにより生活や学習に支障がある場合を指す。

F．家庭環境の問題

　テレビ、ゲーム、スマートフォンなどのメディアの過度な視聴、不規則な睡眠や睡眠時間の不足、運動の不足、偏った食事や朝食の不摂取、親の不和や離婚などの親子関係のストレスや不安といった家庭の問題がある場合を示す。

登場人物

こんな子どもたちが登場します。

そうたさん
小学校4年 男児

WMの言語領域の力が弱く、特殊音節の読み書きなどにつまずいている。

ひろとさん
小学校2年 男児

言語領域・視空間領域ともWMに問題がなく、ASD特性により読み書きが困難。

りつさん
小学校5年 男児

言語領域・視空間領域ともWMに問題がなく、ADHD特性により読み書きが困難。

はやてさん
小学校1年 男児

音声情報と視空間情報をつなげる「エピソード・バッファー」の問題により読み書きが困難。

ゆいさん
小学校2年 女児

WMの視空間領域の弱さとADHD特性により書字と計算につまずいている。

さくらさん
小学校4年 女児

言語領域・視空間領域ともWMに問題がなく、DCD特性により書字が困難。

つまずきに悩むこの子たちについて、
学校の先生と湯沢先生が相談します。

のあさん
小学校4年　女児

WMの視空間領域
の力が弱く、漢字を書
くことに困難がある。
ASDの特性がある。

あおいさん
小学校4年　男児

ADHD特性の不注
意、WMの言語領域
の弱さにより、文章
読解に苦手さがある。

湯澤正通先生
子どもたちに必要な
支援をしている。

ふうかさん
小学校3年　女児

WMの視空間領域や
概数を把握する力が
身についていないため、
算数につまずいている。

がくさん
小学校6年　男児

不規則な生活により
WMの働きが悪くな
り、学力が低下してき
ている。

ワーキングメモリくん
ワーキングメモリの動きを
解説する助手。

11

そうたさんのケース

読み書きにつまずく

読み書きが苦手なそうたさん（仮名）のケースを考えてみよう。質問者は、そうたさんの小学校通常学級担任である。

担任

　そうたさんは4年生（10歳）ですが、特殊音節（拗音・促音・長音・撥音）の読み間違い、書き間違いが頻繁にあります（❶）。

　文を書くときは、「てにをは」の間違いが多い、二文節でも、主語と述語がしばしば一致しない、自分で言った言葉であっても、文字で表現すると間違える、などの様子もあります（❷）。

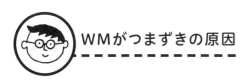

WMがつまずきの原因

●湯澤　はじめまして、小・中学校で学習などのスーパーバイズしている湯澤と申します。今日は先生の担任するクラスに読み書きが困難で気になるお子さんがいらっしゃるとうかがってお邪魔しました。そうたさんについて、学習面でほかにも気になることがあれば教えてください。

○担任　今日はありがとうございます。早速ですが、事前にお伝えしていた特殊音節のつまずき（❶）、単文での書き間違え（❷）のほかにも、そうたさんには気になることがあります。カタカナも書けませんし、漢字を書くとき、例えば「学」という文字の上部だけ書いて下部を書き漏らすなど、覚えている字でも最後まで書かないことが多いです。漢字は読めるので、漢字の形を捉えて覚えているようなのですが、書くと偏とつくりが逆になっていたりもします（❸）。そういえば、左右も認識できていないようです（❹）。また、教師の指示を覚えられないため、個別に指示を繰り返す必要があります。対面で説明を聞いていても、何度も聞き返します。理科や社会でよく使われる用語や、アルファベットも覚えていません（❺）。

●湯澤　そうなんですね。授業が始まっても休み時間にやっていたことを続けていたり、気が散ることがあると立ち歩いたりするなど、学習への参加が難しいことはありますか？　また、友だちとの関係についてはどうですか？

○担任　授業中にそういった様子は見られませんし、学習態度は落ち着いていて特に問題ないと思います。また、そうたさんは、おとなしくやさしい性格で、クラスに仲のよい友だちもいます。なので、授業中にやることがわからなくなったり、忘れ物をしたりなどして困っていると、女児がよく面倒をみてくれています。

●湯澤　なるほど。では、そうたさんのつまずきは、切り替えや抑制、発達障害の特性や環境など参加によるものではなく、WMにその原因があり

そうですね（P.7、8参照）。では、話のあった順に、そうたさんの様子からつまずきの背景を考えていきましょう。

○担任　よろしくお願いします。

●湯澤　まず、❶の拗音・撥音などの間違いは、4年生まで続いているので、ちょっとした不注意というわけではなく、認知面での機能的な問題があると考えられます。可能性が高いのは、言語的短期記憶や言語性WMの弱さです。

　　　　日本語のかな文字の多くは、文字と音が一対一で対応しています。多くの子どもは、小学校入学前までに、しりとりなどの言葉遊びをとおして言葉の音声を意識的に考えられるようになり、1つの音に対応する文字があることを知ります。通常、1年生の終わりまでには、特殊音節を含め、かな文字を正しく読み書きすることができるようになります。

　　　　ところが、言語的短期記憶が弱いと、しりとりの言葉を考えているうちに、先ほど言われた言葉の最後の音は何か、忘れてしまいます。さらに、言葉がどのような音から構成されているのか考える機会が少なくなることで、覚えておいた言語情報を活用する言語性WMも弱くなります。

　　　　こうした理由で、言語的短期記憶が弱いと、1つの文字に複数の音が対応する特殊音節は特に覚えることが難しいのです。

○担任　なるほど。言語的短期記憶や言語性WMの「言語」とは「音声情報」を指すのでしょうか。

●湯澤　そのとおりです。

音声情報を記憶する力が弱い

○担任　特殊音節が身につかないのは、そうたさんの音声情報を記憶する力が弱いからなのですね。

●湯澤　そうです。❷のつまずきに関しても、同様の理由です。文を書くとき
　　　　は、書こうとするアイデア（音声情報）を言語性WMに思い浮かべな
　　　　がら、それを文字に表していく必要があります。そうたさんは言語性
　　　　WMが弱いため、思い浮かべた音声情報を忘れないうちに急いで書き
　　　　出さなくてはならず、「てにをは」をチェックする余裕はありません。
　　　　　また、主語を書いたあと、述語を書く時点で、主語の情報は言語性
　　　　WMから消えているので、述語と対応していなくても気づきません。
　　　　口頭で話すのは一瞬でできますが、書くときは書くための時間がかか
　　　　るので、自分で言った言葉であっても、忘れてしまいます。

○担任　そうたさんのつまずきの主な原因は、音声情報を記憶したり、それを
　　　　使って考えたりする力が弱いことにあるのですね。

●湯澤　そうです。❸についてですが、漢字は複数の部分からなっていて、構
　　　　成する部分を順次、思い出しながら、書く必要があります。例えば、
　　　　「学」を書くとき、「ツワ子」という順番に、イメージを視空間性WM
　　　　に思い浮かべ、書いていきます。
　　　　　その間、なんの漢字を書いているのか、つまり「まなぶ」という音
　　　　声を言語的短期記憶に覚えておかなければなりません。そうたさんは、
　　　　書いている途中で、それをしばしば忘れてしまうため、書き損じや書
　　　　き漏らしがあると考えられます。
　　　　　一方、そうたさんは漢字の形を捉えて覚えてはいるという先生の見
　　　　立てによれば、視空間的短期記憶（と視空間性WM）に問題はないよ
　　　　うです。

○担任　視空間的短期記憶や視空間性WMの「視空間」とは「イメージ」を指
　　　　すのでしょうか。

●湯澤　はい。見る、イメージすることによる情報です。❹についても、視空
　　　　間的短期記憶（と視空間性WM）に問題がないなら、自分の身体に対
　　　　して左右の意味は理解できます。しかし、それを左右の言葉（音声）
　　　　と結びつけて覚えることができず、どちらが「左」の言葉で、どちら
　　　　が「右」の言葉で表すのか混乱するのでしょう。

○担任　だから、指示や説明がなかなか伝わらないのですね。

●**湯澤** 　はい。❺のように、聞いた指示どおりに行動するためには、行動している間、指示を言語性WMに覚えておかなければなりません。でも、そうたさんは、行動している間に指示を忘れてしまいます。対面で、相手の話を聞いているときも同様なのでしょう。

　理科や社会の用語、アルファベットなどは、その音声情報を覚えておきながらその意味を理解することで、習得することができます。そうたさんは、意味を考えているうちに言葉の音声情報を忘れてしまうため、なかなか身につかないのです。

　指示や基本的な内容は、視空間的短期記憶（と視空間性WM）に覚えていられるよう、絵や文字で示しておくとよいでしょう。

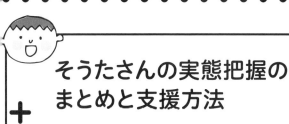

そうたさんの実態把握の まとめと支援方法

　そうたさんの学習上の問題は、参加ではなく、WMにあるようである。WMの中でも、言語的短期記憶（言語性WM）が弱いため、読み書きなどに問題が生じていると考えられる。

　そうたさんが通常学級の授業で学びを深めていくためには、当面、タブレットに読み上げアプリを入れるなどして、教材を音声で聞き、読む負荷を減らす必要がある。それにより、考えることにWMを使えるようにし、語彙などの知識を増やしていくのがよいだろう。

　他方で、特殊音節を正確に読み書きできるように支援していきたい。例えば〈図1〉のようなプリントを使い、音韻意識を高める活動をするとよいだろう。

やじるしのように　しりとりを　しよう。

1	し	り	と	り
2	り	っ	きょ	う
3				
4				
5				

ちいさい「っ」のある　ことばを　さがそう。

1	こ	っ	ぷ
2			
3			
4			
5			

〈図1〉音韻意識を高める
プリントの例

もっと知りたい人は

　なお、筆者らはつまずきの原因を考えるためWMのアセスメント『HUCLoW』を提供している。WMの４つの側面を測り、結果はグラフ（ワーキングメモリプロフィール）で示される。そうたさんの場合は、右図のようになり、言語的短期記憶の弱さが確認されている。

＊ ワーキングメモリの観点でつまずきの原因を考えるためのアセスメント「HUCLoW（フクロウ）」
　は広島大学の研究グループで開発し、ウエブ上で実施できる。WMの４つの側面（言語的短期
　記憶・言語性WM・視空間的短期記憶・視空間性WM）の側面を測り、結果はグラフ（ワーキ
　ングメモリプロフィール）で示される。
＊ 年齢平均０。統計的には標準スコアー１～＋１の範囲内に同年代の約３分の２の人が含まれる。
＊ https://www.ewmo.or.jp/hucrow/

そうたさんのワーキングメモリプロフィール

Game	内容	スコア	標準スコア
1	数を覚えましょう	21	−1.41
2	線の位置を覚えましょう	17	0.01
3	動物の大きさを比べながら、言葉を覚えましょう	9	−0.84
4	線の位置を覚えながら、長さを比べましょう	11	−0.23
5	言葉を覚えましょう	14	−1.42
6	図形を覚えましょう	15	0.05
7	逆の順番で数字を覚えましょう	12	−0.77
8	図形を覚えながら、回転しましょう	9	−0.45

構成要素	Game	学習面での特徴	標準スコア
言語的短期記憶	1.5	音（言葉）を聞く・しゃべる学習	−1.52
言語性ワーキングメモリ	3.7	音（言葉）を聞きながら、考える学習	−0.96
視空間的短期記憶	2.6	物を見る・メージする学習	0.04
視空間性ワーキングメモリ	4.8	物を見たり、イメージしながら、考える学習	−0.41
総合得点：学ぶ力			−0.85

＊ そうたさんの場合は、言語領域、特に言語的短期記憶の弱さが示されている。

▶▶▶ このつまずき分析チェック表およびグラフは、学級担任がそうたさんの様子をチェックしました。

つまずき分析チェックからわかること

つまずき分析チェック表（基本版）

テーマ	チェック項目	A	B	C	D	E	F
記入例	チェック項目内容　※該当する場合はチェック		✓			✓	✓
	チェック項目内容　※該当しない場合は打ち消し線						
ア．口頭表現	1. 言い間違い、言い忘れをする。	✓		✓	✓		
	2. 新しい言葉を覚えにくい。	✓					
	3. 一方的に話す。						
イ．読み	4. かな文字を読み間違える、読めない。	✓	✓				
	5. 漢字を読み間違える、読めない。	✓	✓	✓			
	6. 文を読むのが苦手である。	✓	✓	✓			
	7. 文章を理解するのが苦手である。	✓	✓	✓			
ウ．書き	8. かな文字を書くのが苦手である。	✓	✓			✓	
	9. 漢字の書きを間違える・書けない。	✓	✓	✓		✓	
	10. 作文ができない。	✓	✓	✓			
エ．算数	11. ものを正しく数えられない。						
	12. 数の大きさや桁の意味がわからない。						
	13. たし算やひき算が難しい、時間がかかる。						
	14. 筆算で間違う。						
	15. 九九を覚えにくい。						
	16. 算数の用語を覚えにくい。						
	17. 文章題ができない。	✓	✓	✓			
	18. 時計の問題が苦手である。						
	19. 図形の問題が苦手である。						
	20. 小数、分数などの算数の概念がわかっていない。						
オ．授業態度	21. 教師の指示どおりにできない。	✓		✓			✓
	22. 授業中、集中して学習ができない。						
	23. 姿勢正しく椅子に座っていることができない。						
	24. 黒板をノートに写すのが遅い。	✓		✓		✓	✓
カ．生活	25. 忘れ物が多い。						
	26. 整理整頓ができない。						
	27. 友だちとのトラブルが多い。						
	28. 約束や時間を守れない。						
	29. 感覚過敏がある。						
	30. 視覚のゆがみがある。						
	31. 手先が不器用である。						
	32. 運動が苦手である。						
	割合	75%	42%	53%	38%	40%	25%
	合計点	12／16	8／19	10／19	5／13	4／10	2／8

ワーキングメモリの様子だけでなく、授業態度や生活など、学習に
つまずく要因全体をチェックします。

つまずき分析チェックグラフ

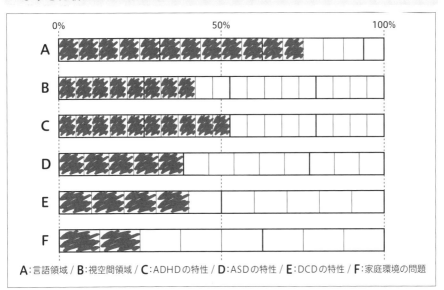

A：言語領域 / B：視空間領域 / C：ADHDの特性 / D：ASDの特性 / E：DCDの特性 / F：家庭環境の問題

　そうたさんのつまずき分析チェックでは、そうたさんは、知って
いる言葉が少なく、話している途中で言葉がつまり、無言になるこ
とがあるので、ア.の1、2にチェックが付きます。また、特殊音節や
漢字を読み間違い、文章をすらすら読めず、意味を理解できないの
で、イ.の4、5、6、7にチェックが付きます。さらに、特殊音節や漢
字を書き間違い、作文ができないので、ウ.の8、9、10にもチェッ
クが付きます。他方、算数については、読みに関連して、文章題が
できないので、17にチェックが付きます。授業態度については、21
と24にチェックが付きます。最後に、生活に関しては特に問題は
ありません。右のグラフでは、言語的短期記憶・WMが原因である
割合が1番高くなっています。これは、P.19のそうたさんのワーキ
ングメモリプロフィールと一致します。2番目にADHD特性の原
因の割合が高くなっていますが、これは、WMに弱さがある場合と
ADHD特性が強い場合とで類似した行動特徴を引き起こすため
です。そうたさんの生活態度から、そうたさんはADHD特性が強
いとは言えません。

ひろとさんのケース

読み書きが苦手

文字の読み書きが苦手なひろとさんのケースについて、小学校通常学級担任と共につまずきの背景と支援方法を考えていく。

担任

ひろとさんは、2年生（7歳）の男児です。児童相談所からASDの傾向を指摘されています。友だちが嫌がっていてもちょっかいを出し続けたり、ミスを発見すると大声で指摘してまわったり、相手の様子に気づきにくいところがあったりします（❶）。また、1番や勝ちへのこだわりが強く、負けることやわからないことを認めようとしません（❷）。

算数が好き、音読や作文を嫌がる

●湯澤　クラスの仲間とあまりうまくいっていないのですね。

○担任　はい。でも、友だちに暴力をふるうなどはありません。手を出しては
いけないとわかっているようです（❸）。相手がいないと何をすれば
よいかわからないのか、一人で遊ぶことはしません。同学年よりも1
学年下の弟と遊ぶほうが好きなようです。

●湯澤　なるほど。学習場面ではどんな様子でしょうか。

○担任　算数がとても得意です。
2桁の数同士の加算も暗算で素早くでき、九九も1年のときから言え
たそうです（❹）。

●湯澤　算数が好きなのですね。

○担任　はい。保護者が教えたわけでも、塾にも行っていないのに、本人が興
味をもち、入学前に自然と覚えていたそうです。

●湯澤　国語はどうでしょうか。

○担任　音読を嫌がり、読もうとしません（❺）。特殊音節の文字や漢字を読
み間違えたり、読めなかったりして、すらすらと文章を読むことがで
きません。

●湯澤　文字や文を書くことはどうでしょうか。

○担任　作文を嫌がります。何をどう書いたらよいのかわからないようです
（❻）。

●湯澤　なるほど。ひろとさんの読み書きの問題の原因は、主にASDの特性
による読み書きへの参加の拒否にあるようです。まずは、そう考える
理由について説明していきましょう。

○担任　よろしくお願いします。

読み書きの苦手さの原因はWM以外の実行機能・発達特性

●湯澤　読み書きの苦手さの一般的な原因は、言語的短期記憶や言語性WMの弱さです。それらが弱いと、一度に記憶し、処理できる「音声情報」が大きな制限を受けます。

　　　例えば、「りんご」の文字を読むためには、その意味を想起するまで、「り」「ん」「ご」の３つの音声情報を言語的短期記憶に覚えておく必要がありますが、言語的短期記憶が弱い子どもは、「ご」を読むころに、「り」の音を忘れてしまい、「んご」の音声しか頭の中に残っていないので、「りんご」の意味を理解できないのです。

○担任　そうなんですね。ひろとさんはそれらの力に弱さがあるのですか？

●湯澤　いえいえ、まだ続きがあります。言語的短期記憶や言語性WMが弱いと、「言葉の音声情報」だけでなく、「数の音声情報」の記憶や処理も苦手になります。そのため、もし、ひろとさんが、言語領域の両方に弱さがあるならば、九九を覚えたり暗算をしたりすることも困難になるはずです。九九の学習は、数の音声情報の系列の単純な記憶ですが、ひろとさんは自然と覚えていました（❹）。２桁の数同士の加算を暗算で素早くできることから、数の音声情報の処理にも問題がないようです。

　　　つまり、ひろとさんは言語的短期記憶も言語性WMも、年齢相応か、それ以上であると推測されます。そのため、読み書きの苦手さの原因は、WM以外の実行機能（注意の抑制や切り替えなど）、発達特性（こだわり、想像性、衝動性、体幹のコントロールなど）、環境と情動にあるのではと推測されます。これらの要因のうち、ひろとさんについて明らかになっていることは、ＡＳＤの発達特性があるということです。

○担任　なるほど。それで最初にひろとさんの読み書きの問題の原因は、主にＡＳＤの特性によるものと話されたのですね。

ネガティブな感情にWMを奪われ、適切な思考ができない

●湯澤　正確には、ＡＳＤの特性による、読み書きへの「参加」。の拒否にあると予想しています。

　　　ＡＳＤの中核的な特性は、他者や自分の心をつかむことが苦手なことです。他人は自分の鏡というように、他人の心が理解できないと、自分の心も理解できません。子どもは、母親などと遊び、楽しさを一緒に感じながら、その感情が「楽しい」という言葉で表現されることを学びます。こうした共感ができないと、自分のどの感情がどの言葉で表現できるのかわからなくなります（❶）。

　　　人はいろいろな状況で異なる感情をもちます。楽しいといったポジティブなものばかりではなく、不安などのネガティブなものも含まれます。ネガティブな感情は、そのままにしておくと心に広がり、WM（中央実行系）の一部を占領してしまいます。多くは、ネガティブな感情にWMを奪われないように、その感情を抑えたり、ポジティブな感情が起こるように思考や行動をしたりして対処します。ところが、ＡＳＤがあり自分の心をうまくつかめないと、気になることがあったときについ考えてしまい、それをコントロールできないので、ネガティブな感情にうまく対応することができません。すると、ネガティブな感情にWMを奪われ、適切な思考や行動の制御ができなくなってしまいます（❷）。

○担任　ひろとさんが適切な思考や行動の制御ができていないときは、ネガティブな感情にWMが奪われている状態なのですね。

●湯澤　はい。ひろとさんは、算数が得意です。おそらく、視空間的短期記憶や視空間性WMの能力が優れていると思われます。早期に計算ができるようになり、大人たちはひろとさんを称賛したでしょう。ほめられるとうれしいですし、それがよいことであることは理解できます。すると、できることや勝ちにこだわりが生じます。そのこだわりは、逆

に、できないことや負けに対するおそれや不安となり、そのようなネガティブな感情にWMが奪われてしまうと、そもそもやる気が起こらなくなります。

　一方、言語的短期記憶や言語性WMが年齢相応またはそれ以上ならば、周囲から聞いた言葉の音声情報を自然と習得することができ、数字を自然と覚えたように、かな文字も自然と覚えられるはずです。しかし、特殊音節や漢字などについては、文字と読みが一対一で対応しないため、読みの切り替えが必要になります。例えば、「きゃ」を見たとき、いったん「き」と読むのをやめ、「き」と小さい「ゃ」を一緒に読む必要があります。思考の切り替えは、ＡＳＤのある子どもの苦手とするところです。そのため、算数のように、間違えずにやることや流ちょうさでみんなに勝つことができません。できないことや負けに対するおそれや不安が生じ、〈図1〉のように、うまく読むことができません。読むこと自体を嫌がるようになります（❺）。

　作文も同様です。自分の経験した出来事で何を感じたかを書こうとしても、ＡＳＤの子どもは自分の心がうまくつかめないので、何をどう表現したらよいのかわからなくなります。読むときと同様、できないことへのおそれや不安が生じ、その気持ちから逃れるために、作文を嫌がります（❻）。

〈図1〉不安にWMが奪われていて、言葉を長期記憶からうまく引き出せていない

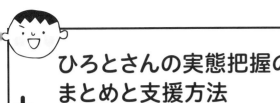

ひろとさんの実態把握のまとめと支援方法

　ひろとさんの読み書きの問題は、ＡＳＤの特性に原因があるようだ。すらすら読めないことが嫌で読むことを拒否し、そのことでますます読めなくなっている。同様に、うまく書けないことが嫌で、書くことを拒否し、ますます書けなくなっている。

　一方で、ひろとさんの言語的短期記憶や言語性WMは年齢相応またはそれ以上と思われるので、年齢相応に読み書きを行う力はあるはずである。そこで、重要なことは、いかにひろとさんが読み書きを嫌がらずに取り組める習慣をつくるかである。いったん、読み書きの学習に参加できるようになれば、「やらない→できない→やらない」の悪循環から、「読む→読める→読む」に向かっていく。そのため、できるところからスモールステップで進め、できたらほめて、自信をもたせる。

　例えば、教材を１文ごとに読んで、評価できるようにする。〈図２〉のようなプリントを用意し、ひろとさんは漢字の読み方などを書き込むようにする。授業中、クラスで音読するときに、友だちの読みを聞きながら自分も読み、下の欄に○を記入する。実際に読めたかどうかではなく、自分で読もうとしたら○を付ける。宿題として、ひろとさんが保護者に読んで聞かせ、読みを確認してもらい、できたら、大きな○を赤で目立つように付けてもらう。

　ＡＳＤのある子どもが一般にルールへのこだわりがあるように、ひろとさんも、いったんルールを決めてそれに納得すると、ルールを守ることができる（❸）。そこで、読む学習の手順（ルール）を決めて、できたらほめるようにする。ひろとさんは、算数が得意で、視空間的短期記憶や視空間性WMのほうが強いと思われる。そこで、ルールをノートやプリントなどに常に文字化して、イラストなどのイメージを添える。

　以上の読みの支援例は、ひろとさんのように参加に問題がある子どもだけでなく、言語性WMが弱い子どもにも活用できる。

作文の支援についても同様である。ルールを決めて、ルールに沿って書くようにする。作文のルールは、テーマ・序論・本論・結論といった型である。例えば、「遠足」をテーマとした場合、いつ、誰が、どこで、何をしたかを序論とする。本論は、時系列に沿った出来事の記述である。結論は、感じたことなどのまとめである。

4	3	2	1
おり方によって、どのようなかたちになり、なにがつくれるのでしょうか。	どんなおり方があるのでしょう。	おりがみには、いくつかのおり方があります。	おりがみから、いろいろなものをつくることができます。
○	○	○	○

〈図２〉プリントの例

ひろとさんのワーキングメモリプロフィール

Game	内容	スコア	標準スコア
1	数を覚えましょう	26	0.31
2	線の位置を覚えましょう	19	1.38
3	動物の大きさを比べながら、言葉を覚えましょう	10	0.18
4	線の位置を覚えながら、長さを比べましょう	12	1.12
5	言葉を覚えましょう	17	−0.14
6	図形を覚えましょう	13	0.76
7	逆の順番で数字を覚えましょう	15	0.64
8	図形を覚えながら、回転しましょう	10	0.56

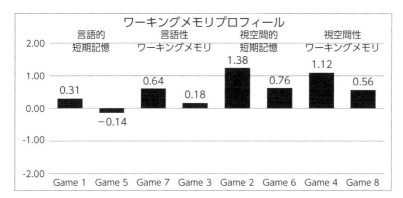

構成要素	Game	学習面での特徴	標準スコア
言語的短期記憶	1.5	音（言葉）を聞く・しゃべる学習	0.17
言語性ワーキングメモリ	3.7	音（言葉）を聞きながら、考える学習	0.48
視空間的短期記憶	2.6	物を見る・メージする学習	1.33
視空間性ワーキングメモリ	4.8	物を見たり、イメージしながら、考える学習	1.05
		総合得点：学ぶ力	0.74

* ひろとさんの場合は、視空間領域の強さが示されている。

ひろとさん

つまずき分析チェックからわかること

つまずき分析チェック表（基本版）

テーマ	チェック項目	A	B	C	D	E	F
記入例	チェック項目内容　※該当する場合はチェック		✓			✓	✓
	チェック項目内容　※該当しない場合は打ち消し線						
ア．口頭表現	1. 言い間違い、言い忘れをする。						
	2. 新しい言葉を覚えにくい。						
	3. 一方的に話す。				✓	✓	
イ．読み	4. かな文字を読み間違える、読めない。	✓	✓				
	5. 漢字を読み間違える、読めない。	✓	✓	✓	✓		
	6. 文を読むのが苦手である。	✓	✓	✓	✓		
	7. 文章を理解するのが苦手である。	✓	✓	✓	✓		
ウ．書き	8. かな文字を書くのが苦手である。	✓	✓			✓	
	9. 漢字の書きを間違える・書けない。	✓	✓	✓		✓	
	10. 作文ができない。	✓	✓	✓	✓		
エ．算数	11. ものを正しく数えられない。						
	12. 数の大きさや桁の意味がわからない。						
	13. たし算やひき算が難しい、時間がかかる。						
	14. 筆算で間違う。						
	15. 九九を覚えにくい。						
	16. 算数の用語を覚えにくい。						
	17. 文章題ができない。						
	18. 時計の問題が苦手である。						
	19. 図形の問題が苦手である。						
	20. 小数、分数などの算数の概念がわかっていない。						
オ．授業態度	21. 教師の指示どおりにできない。						
	22. 授業中、集中して学習ができない。						
	23. 姿勢正しく椅子に座っていることができない。						
	24. 黒板をノートに写すのが遅い。						
カ．生活	25. 忘れ物が多い。						
	26. 整理整頓ができない。						
	27. 友だちとのトラブルが多い。			✓	✓		✓
	28. 約束や時間を守れない。						
	29. 感覚過敏がある。						
	30. 視覚のゆがみがある。						
	31. 手先が不器用である。						
	32. 運動が苦手である。						
	割合	44%	37%	37%	46%	40%	13%
	合計点	7/16	7/19	7/19	6/13	4/10	1/8

このつまずき分析チェック表およびグラフは、学級担任がひろとさんの様子をチェックしました。ワーキングメモリの様子だけでなく、授業態度や生活など、学習につまずく要因全体をチェックします。

つまずき分析チェックグラフ

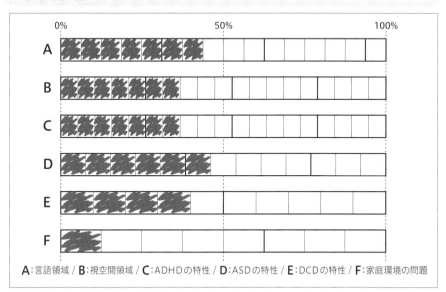

A：言語領域 / B：視空間領域 / C：ADHDの特性 / D：ASDの特性 / E：DCDの特性 / F：家庭環境の問題

　ひろとさんのつまずき分析チェックでは、ひろとさんは、読み書きが苦手なので、イ.の4、5、6、7およびウ.の8、9、10にチェックが付きます。他方、算数は得意なので、エ.にはチェックが付きません。そのため、視空間WMよりも言語WMの原因の割合が高くなっています。これは、P. 29のワーキングメモリプロフィールと一致します。しかし、言語WM、視空間WMともに、それほど割合が高いわけではありません。実際、ワーキングメモリプロフィールでは、言語WM、視空間WMともに年齢平均以上のスコアです。ひろとさんのつまずきの原因ではないと言えます。むしろASDの特性やADHDの特性の割合が高くなっていることに注意する必要があります。ひろとさんの場合、ア.の3、カの27にチェックが付くことに着目する必要があります。ア.の3、カの27の原因となる要因は、WMではなく、ASDの特性またはADHDの特性です。読み書きの苦手さは、WM、ASDの特性、ADHDの特性いずれかに起因するので、もともと、ひろとさんは児童相談所からASDの傾向を指摘されていたことも踏まえて、読み書きの問題もASDの特性による可能性を考える必要があります。

りつさんのケース

読み書きが苦手

文字の読み書きが苦手であるが、そのつまずきの背景は異なるケースを取り上げ、小学校通常学級担任と支援方法を考えていく。

▶▶▶

担任

　りつさんは、5年生（11歳）の男児です。ADHDの診断を受けていますが、服薬はしていません。忘れ物やなくし物が多く、身の回りの整理整頓ができません。机の中には、プリントや文房具が乱雑に放り込まれています（❶）。

特殊音節などを読み間違える

●**湯澤** 友だちとの関わりはどうでしょうか。

○**担任** 感情のコントロールが苦手で（**❷**）、思うようにいかないと怒って大声を出し、机を倒すなど物に八つ当たりします。低学年のときは友だちと遊んでいるときなどにカッとなり、相手をたたいたり蹴ったりすることもありましたが、高学年になってからはそのような対人的な暴力は見られません。

●**湯澤** クラスの仲間とあまりうまくいっていないのですか。

○**担任** 女子の一部には避けられているようですが、はやりの冗談や言い回しなどにめざとく、ゲームも得意なので、男子の間で遊びや会話の中心にいるボス的な存在です。ときどき相手をからかってトラブルを起こしたりします。

●**湯澤** 学習面で何か問題はありますか。

○**担任** 算数に問題はなく、得意ですが（**❸**）、国語の読み書きが苦手です。文章を読むことや書くことを嫌がります。ただし、保護者によると、数年前に、病院で発達検査を受けたとき、語彙や言語の発達は年齢相応に近いと言われたそうです（**❹**）。

●**湯澤** 文を読むときは、どのような様子でしょうか。

○**担任** 読めないわけではありません。「きゃらめる」を「きゃめらる」と読むなど、特殊音節や複雑な漢字をしばしば読み間違えますが、漢字の正しい読み方はわかっているようです。間違いを指摘すれば、読み直すことができます（**❺**）。

●**湯澤** すらすらと読めますか。

○**担任** すらすらというわけにはいきません。読むことにとても時間がかかります。特に、初めて読む文章に時間がかかり（**❻**）、読み間違いや読み飛ばしが多く生じます。

板書をノートにほぼ書き写せない

●湯澤　文字を書くことも苦手なのですか。

○担任　はい。読むよりも書くほうが苦手だと思います。漢字、かな文字、ア
　　　　ルファベットも含めて、文字を書くことをとても嫌がります。授業で
　　　　は、板書をノートにほぼ書き写せていません。最初から書き写すこと
　　　　を諦めてしまいます。

●湯澤　書いた文字はどのような形状ですか。

○担任　おおむね正しいのですが、バランスが悪く、本人も何を書いたか読め
　　　　ないほどです（**❼**）。何度も消しゴムで消して書き直すので、プリン
　　　　トやノートがぐちゃぐちゃになってしまいます。

●湯澤　りつさんは、運動や手先の操作はスムーズですか。

○担任　体育などで身体の運動に問題はありませんが、手先が不器用です。え
　　　　んぴつやハサミの使い方がぎこちないです。

ＡＤＨＤの特性が原因の1つ

●湯澤　なるほど。りつさんの読み書きの問題は、主にＡＤＨＤの特性による
　　　　影響が大きいようです。そう考える理由と支援の方法を説明していき
　　　　ましょう。

○担任　よろしくお願いします。

●湯澤　通常、読み書きが苦手なときの原因の多くは、言語的短期記憶や言語
　　　　性WMの弱さです。それらが弱いと、言葉の音声情報を覚えられず、
　　　　特に言葉や漢字の読みを覚えられません。英単語の読みも同様です。
　　　　しかし、りつさんは、語彙や言語の発達は年齢相応であり（**❹**）、漢
　　　　字の正しい読み方は覚えています（**❺**）。そのため、音声情報に関する

りつさんの記憶力に問題はなく、言語的短期記憶や言語性WMはほぼ年齢相応であると推測されます。

　他方、視空間的短期記憶や視空間性WMが弱いために、読み書きが苦手な子どももいます。それらが弱いと、線を順番に書きながら漢字を覚えるとき、画数が多いと、書き終えた時点では線の位置の情報を忘れてしまっています。また、漢字の形を覚えられず認識できないと、漢字に読みを対応づけることができません。視空間的短期記憶や視空間性WMの弱さは、読み書きの困難のもう１つの原因です。

　ただし、それらが弱いと、算数の学習にも困難を伴います。計算などは、視空間性WMでのイメージの操作に依存しているからです。ところが、りつさんは、算数には問題がなく、むしろ得意です（❸）。つまり、視空間的短期記憶や視空間性WMは年齢平均以上と予想されます。同時に、読み書きの苦手さの原因がそこにある可能性は排除されます。

　WMに問題がないとすれば、読み書きの苦手さの原因は、冒頭で述べたように、WM以外の実行機能（注意の抑制や切り替えなど）、発達特性（こだわり、想像性、衝動性、体幹のコントロールなど）、環境にあるのではと推測されます。これらの要因のうち、りつさんについてはっきりとわかっていることは、ＡＤＨＤの特性があるということです。

○担任　なるほど。ＡＤＨＤというのは多動や衝動性のコントロールが苦手というだけではなく、学習にも影響するのですか。

●湯澤　はい。ＡＤＨＤの特性がある子どもは、注意のコントロールが苦手です。細かいところに視線を向け続けることに人一倍の心的エネルギー（WMリソース）を使います。例えば、絵本『ウォーリーをさがせ！』では、たくさんの人や物が描かれている中から一人の人物を探すために、一つひとつの絵に対して順番に丁寧に、根気よく注意を向けていく必要があります。

　ＡＤＨＤの特性がある子どもにとって、文章はウォーリーの図版のようなものです。周りにたくさんの文字がある中、読まなくてはいけ

ない文字に視線を向け、視線を1文字ずつ順次動かしていかなければなりません。そうした作業は、大量の心的エネルギーを使い、とても疲れることです。ついつい視線がそれて、いつの間にか隣の行の文字を読んでいるといったことが生じ、読み飛ばしてしまいます。すると、文章の意味がわからなくなり、単に読んでいるだけになります。

　書くことは、もっと大変な作業です。書くときは、ノートの縦線や横線を手がかりに、文字を1画ずつ書いていく必要があります。書き終わった線は、次の線を書く位置の手がかりになりますが、それが乱れると次に書く線も位置がずれ、だんだん乱雑になります。書き上げた文字は、本人も読めないほど形が崩れているわけです（❼）。本人もうまく書けていないことに気づいており、書き直しますが、うまくできないので、書いたり消したりしてぐちゃぐちゃになります。

　手の不器用さは、注意の不安定さと相互作用します。目標となる漢字のイメージは、視空間性WM内にあるので、そのズレを修正するために何度も書き直したりし、読む以上に心的エネルギーを使います。りつさんが文字を書きたがらないのは、授業中ずっとこのような疲れる作業をしたくないからでしょう。

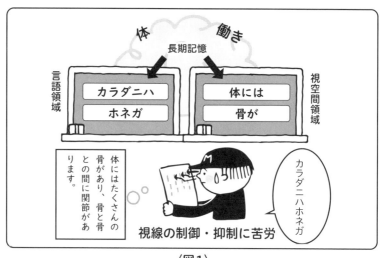

〈図1〉

りつさんの実態把握の
まとめと支援方法

　りつさんの読み書きの問題は、ＡＤＨＤの特性に原因があるようだ。注意のコントロールが苦手で、１文字ずつ丁寧に視線を向けて、読んだり、１画ずつ根気強く文字を書いたりすることに、人より多くのWMリソースが必要である。そのため、自然と注意がそれ、読み飛ばしや読み間違いをするため、内容を理解できない。また、書くことを嫌がり、書いても乱雑になり、自分で認識できず、自己表現の道具にはならない。

　一方で、りつさんの言語的短期記憶や言語性WMは年齢相応であると思われ、今のところ、語彙や言語の遅れは見られない。小学校入学前の語彙獲得や言語発達は、人とのコミュニケーションをとおした音声情報の知覚に基づくが、小学校入学後の語彙獲得は、主に文章の読みをとおしてなされる。りつさんの読み書きの問題は、WMという能力の乏しさではなく、読みや書きを支える知覚やスキルによるものなので、今のところ、保護者や教師の手助けによって、語彙や言語発達は年齢相応であるが、今後も同様である保証はない。そのため、適切に読みや書きを行うための支援が必要である。

●読みの支援

　読みの支援としては、国語などで新しい単元が始まるとき、家庭で保護者に聞いてもらいながら読む予習を行うなど、文章の予備知識をもつことが役に立つ。りつさんの場合、初見の文章を読むとき、読み間違いや読み飛ばしが多く生じる。１文字ずつ順に視線をコントロールする必要があるからである。逆に言うと、りつさんは、語彙や言語の知識があるので、一度、読んだ文章は、その意味が長期記憶に残りやすい。そのため、ボトムアップ的に読むよりも、トップダウン的に文章を理解するほうが読みやすい。文章を読むことに熟達した者は、主語や述語などの文の重要な情報に選択的に注意を向け、文の流れを理解する。りつさんは、文の概要を最初に把

握し、必要に応じて、細部に注目して読むといった方略を用いた読みの練習を行うとよいだろう。

●書きの支援

　書くことは、自分の考えを客観的に確認し、考えを深める自己表現の道具である。特に小学校高学年のりつさんにとって、自分の考えを文字で表現することは、それを省察するメタ認知の発達にとって重要なことである。そこで、書くこと自体にWMリソースを使わないために、ＩＣＴ機器を利用する。学校でパソコンまたはタブレットが一人１台配布されているため、そのワープロ機能を利用して、自分の考えを文字で表現する。もちろん、ワープロのタイピング練習を行う必要があるが、手先が不器用なため、うまく入力ができないようならば、スマホの入力機能を利用しても構わない。文字の入力はあくまで手段であるため、そこにWMリソースを消費しない手段を利用する。

　スマホの入力機能を用いて、ＬＩＮＥのようなＳＮＳで仲間とコミュニケーションを行う。友人とのコミュニケーションは楽しいので、自然と入力が上手になり、その中で自分の気持ちや考えを表現する練習になる。

りつさんのワーキングメモリプロフィール

Game	内容	スコア	標準スコア
1	数を覚えましょう	33	0.20
2	線の位置を覚えましょう	24	0.86
3	動物の大きさを比べながら、言葉を覚えましょう	17	0.01
4	線の位置を覚えながら、長さを比べましょう	17	0.49
5	言葉を覚えましょう	22	0.27
6	図形を覚えましょう	22	0.46
7	逆の順番で数字を覚えましょう	21	0.10
8	図形を覚えながら、回転しましょう	17	0.33

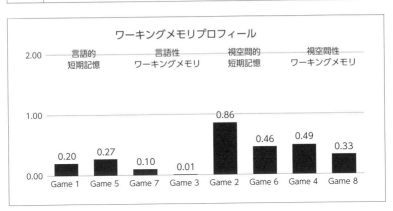

構成要素	Game	学習面での特徴	標準スコア
言語的短期記憶	1.5	音（言葉）を聞く・しゃべる学習	0.27
言語性ワーキングメモリ	3.7	音（言葉）を聞きながら、考える学習	0.07
視空間的短期記憶	2.6	物を見る・メージする学習	0.78
視空間性ワーキングメモリ	4.8	物を見たり、イメージしながら、考える学習	0.47
総合得点：学ぶ力			0.54

＊りつさんの場合は、視空間領域の強さが示されている。

りっさん

つまずき分析チェックからわかること

つまずき分析チェック表（基本版）

テーマ	チェック項目	A	B	C	D	E	F
記入例	チェック項目内容　※該当する場合はチェック		✓			✓	✓
	チェック項目内容　※該当しない場合は打ち消し線						
ア．口頭表現	1. 言い間違い、言い忘れをする。						
	2. 新しい言葉を覚えにくい。						
	3. 一方的に話す。				✓	✓	
イ．読み	4. かな文字を読み間違える、読めない。	✓	✓				
	5. 漢字を読み間違える、読めない。	✓	✓	✓	✓		
	6. 文を読むのが苦手である。	✓	✓				
	7. 文章を理解するのが苦手である。	✓	✓				
ウ．書き	8. かな文字を書くのが苦手である。	✓	✓	✓		✓	
	9. 漢字の書きを間違える・書けない。	✓	✓	✓	✓		
	10. 作文ができない。	✓	✓	✓	✓		
エ．算数	11. ものを正しく数えられない。						
	12. 数の大きさや桁の意味がわからない。						
	13. たし算やひき算が難しい、時間がかかる。						
	14. 筆算で間違う。						
	15. 九九を覚えにくい。						
	16. 算数の用語を覚えにくい。						
	17. 文章題ができない。	✓	✓	✓			
	18. 時計の問題が苦手である。						
	19. 図形の問題が苦手である。						
	20. 小数、分数などの算数の概念がわかっていない。						
オ．授業態度	21. 教師の指示どおりにできない。	✓		✓			✓
	22. 授業中、集中して学習ができない。	✓		✓			✓
	23. 姿勢正しく椅子に座っていることができない。			✓	✓	✓	
	24. 黒板をノートに写すのが遅い。						
カ．生活	25. 忘れ物が多い。		✓	✓	✓		✓
	26. 整理整頓ができない。		✓	✓	✓		✓
	27. 友だちとのトラブルが多い。			✓	✓		✓
	28. 約束や時間を守れない。			✓	✓		✓
	29. 感覚過敏がある。						
	30. 視覚のゆがみがある。						
	31. 手先が不器用である。		✓	✓		✓	
	32. 運動が苦手である。						
	割合	63%	58%	79%	77%	60%	88%
	合計点	10/16	11/19	15/19	10/13	6/10	7/8

このつまずき分析チェック表およびグラフは、学級担任がりつさんの様子をチェックしました。ワーキングメモリの様子だけでなく、授業態度や生活など、学習につまずく要因全体をチェックします。

つまずき分析チェックグラフ

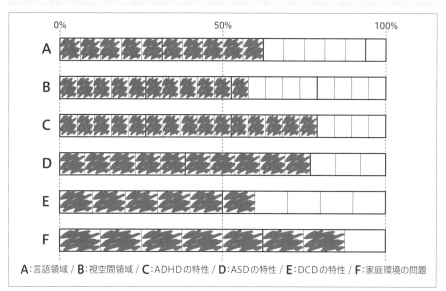

A：言語領域 / B：視空間領域 / C：ADHDの特性 / D：ASDの特性 / E：DCDの特性 / F：家庭環境の問題

　りつさんのつまずき分析チェックでは、りつさんは、読み書きが苦手なので、イ.の4、5、6、7およびウ.の8、9、10にチェックが付きます。他方、算数は得意なので、エ.の17以外はチェックが付きません。そのため、言語WMおよび視空間WMの原因の割合、特に言語WMの原因の割合が高くなっています。他方、WMの要因以上に、ASD特性、ADHD特性、家庭環境の要因の影響が強くなっています。これは、りつさんの場合、ア.の3、オ.の21、22、23、カ.の25、26、27、28、31にチェックが入ったためです。これらの授業態度や生活の問題は、ASD特性、ADHD特性、家庭環境のいずれかの要因と関わっています。りつさんの場合、病院からADHDの診断を受けていますので、これらの3つの要因のうち、ADHDの特性の影響を最も受けていると考えることができます。

国語

はやてさんのケース

読み書きができない

▶▶▶

文字の読み書きが苦手であるが、そのつまずきの背景は異なるケースをここでも取り上げ、小学校通常学級担任と支援方法を考えていく。

担任

　はやてさんは、1年（7歳）の男児です。入学当初から、かな文字の読み書きでのつまずき具合が気になり、保護者に連絡を取って放課後に10分ほど個別に指導を行ってきました。保護者には、宿題の手助けもお願いをしました。2学期の途中では、かな文字の3分の2ほど正確に読み書きができるようになりましたが、特殊音節の読み書きについては、まだほどんどできません（❶）。

書き込むプリントはほとんど白紙

●湯澤　授業中の様子はどうでしょか。

○担任　ぼんやりとしていることも多いのですが、授業中、教師や仲間の話を聞いていて、指示どおり作業を行うことはだいたいできています（❷）。また、板書をノートに書き写すこともできるようです（❸）。

●湯澤　彼がかな文字の読み書きができないと気づいたのは、どのようなことからですか。

○担任　はやてさんは、普段の授業の活動はまじめに行うのですが、書き込むプリントやテストを配布すると、ほとんど手をつけず、白紙で提出することが多いのです。そこで、一緒にプリントに取り組んでみたら、最初のころは、ほとんど正しく文字を読めないという状態でした。

●湯澤　算数の学習はどうでしょうか。

○担任　算数には問題はないようです。数えたり、足したりすることは普通にでき、正しく答えられます。ときどき、「5」と書くところを「6」と書くなどの間違いはあります（❹）。

●湯澤　友だちとの関係はどうでしょうか。

○担任　おとなしい性格で、友だちとトラブルを起こすことはありません。気が合う友だちが数人いるようで、休み時間はそのグループで遊んでいます（❺）。

3つの試み

●湯澤　ここまでお聞きして、様子がよくわかりました。読み書きのつまずきの原因をはっきりさせるために、国語の教科書を使って、先生からはやてさんに試してみてほしいことが3つあります。また、それぞれ正

確にできるかどうか、はやてさんの反応を記録してください。

①

> 　1つ目は、まず国語の教科書から未習の文章を1つ選びます。その文章の中から短い3文を選び、1文ずつ、先生がはやてさんに読んで聞かせます。はやてさんには教科書は見せません。1文読み終わるごとに、その文を口頭で繰り返すように言います。

②

> 　2つ目は、国語の教科書から未習の漢字を10個選び、紙に縦に配置して印刷します。はやてさんにそのプリントを渡し、ノートにそれらの漢字を書き写すように伝えます。

③

> 　3つ目（③）は、国語の教科書のうち未習の内容から6文を選び、間隔を空けないよう縦に3文を配置して印刷します。はやてさんにそのプリントを渡し、その文を音読するよう伝えます。次に、残りの3文を1文ずつ、先生がはやてさんに読んで聞かせ、はやてさんにノートに聞いたとおり書くように伝えます。

○担任　はい。やってみます。

音声情報と視空間情報を結びつけることが苦手な原因

——後日——

●**湯澤** はやてさんの反応はどうでしたか。

○**担任** ええ。①については、ほぼ正確にまねして繰り返すことができました。また、②もほぼ正確に隣に書き写すことができました。ところが③文の読みでは、たどたどしく拾い読みをし、やはり特殊音節の読み方に間違いが見られました。また、③の文の書きについては、３文いずれも、文の冒頭のいくつかの文字だけ書いて手が止まってしまいました。しかも、文字に間違いもありました。

●**湯澤** なるほど。予想どおりです。はやてさんの読み書きの問題の原因と支援方法について、順番に説明していきましょう。

○**担任** よろしくお願いします。

●**湯澤** ①の結果から、はやてさんに聞く力はあるといえます。実際、はやてさんは、授業中、教師や仲間の話を聞き、指示どおり活動ができています（**❷**）。今回の①でも、聞いた音声情報を、反復が終わるまで、言語的短期記憶に覚えておくことができるかを確かめました。はやてさんの言語的短期記憶の力は、年齢相応だと思われます。

　③では、見た文を一時的に覚えておき、書き写すことができるかを確認しました。実際、はやてさんが、板書を書き写すことに問題はなく（**❸**）、算数にも問題はない（**❹**）とのお話と併せると、視空間的短期記憶の力も年齢相応だと思われます。

　通常、言語的短期記憶と視空間的短期記憶が年齢相応ならば、文字の読み書きに問題は生じません。ところが、音声情報と視空間情報を結びつけることが苦手なために、文字の読み書きに困難が生じるケースがあることが最近、明らかになりました。

○**担任** はやてさんは、そのようなケースなのですね。

●湯澤　そうです。もう少し具体的に説明しますね。例えば、「りんご」の文字を読むには、文字を音声に戻す必要があります。子どもは、たいてい生活の中で果物のりんごを食べたことがあるので、りんごの形や色、名前などを知っています。「りんご」の音声から長期記憶にあるりんごの知識を想起することができれば、意味を理解できます。〈**図1**〉のように、①、②、③は、脳の左側の音声情報を記憶する言語的短期記憶と、脳の右側のイメージを記憶する視空間的短期記憶の働きに支えられています。そして、①、②、③いずれも、左側と右側の情報が結びつけられている必要があります。この結びつきがワーキングメモリの第4の要素である「エピソード・バッファー」で行われていることが最近、明らかになりました。

　エピソード・バッファーは、音声情報と視空間情報をつなげる働きをします。これがうまく働かないと、文字の「り」と音声の「リ」をつなげることができず、音声の「リ」「ン」「ゴ」や音声の「リンゴ」と赤くて丸いりんごのイメージをつなげることができません。

　はやてさんは、エピソード・バッファーに問題があり、音声とイメージ（文字や具体物のイメージ）をつなげることが苦手であると思われます。

①「りんご」の文字を見たとき、1文字ずつ視空間的短期記憶に保持しながら（「り」「ん」「ご」）、対応する音を想起し、言語的短期記憶に保持する

②言語的短期記憶に保持した3音（「リ」「ン」「ゴ」）から長期記憶のりんごの赤くて丸いイメージを想起し、視空間的短期記憶に保持する

③言語的短期記憶の3音は1音（「リンゴ」）のまとまりになる

※①から③がすばやくできると、「りんご」の文字をすらすら読めるようになる

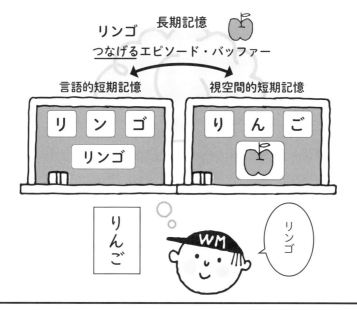

〈図1〉りんごの読みのプロセス

はやてさんの実態把握の
まとめと支援方法

　はやてさんの読み書きの問題は、エピソード・バッファーに原因があるようだ。言語的短期記憶や視空間的短期記憶と同様、エピソード・バッファーにも、容量の限界があり、個人差がある。エピソード・バッファーに、音声「リ」と文字「り」の1個の組み合わせを保持できても、それでいっぱいになり、音声「ン」と文字「ん」の組み合わせを保持できず、「ん」で読みが止まってしまう。

　はやてさんは、文字と音が一対一に対応する清音、濁音、半濁音については、1つずつ学習して対応づけができつつある（❶）。ところが、拗音などの特殊音節では、例えば、2文字「きゅ」に対して、「キ」と「ユ」の2音ではなく（すでに結びつけた音を抑制して）、1音の「キュ」を新たに対応づける必要がある。エピソード・バッファーに負荷がかかり、はやてさんは混乱することになる。

　エピソード・バッファーによって、私たちは音声やイメージなどさまざまな情報を統合し、それが過去に経験したエピソードの記憶となる。音声と文字の単純な結びつきは混乱しやすいが、例えば、文字「きゅ」と音「キュ」の結びつきが、音声とイメージだけでなく、動作、リズム、触覚など多感覚の情報の結びつきに支えられていると、混乱しにくくなる。文字「きゅ」と音「キュ」に対して多感覚の情報を結びつけるための支援例を紹介しよう〈図2〉。

①「き」と「ゆ」のカードを用意する。横に並べて、1文字ずつ読みながら、手をたたく。

②・③「き」と「ゆ」のカードの間隔を次第に狭くしながら、読み方を早く、手をたたく間隔を短くしていく。

④1枚のカードを示し、一度手をたたき（両手を合わせる）、「きゅ」と発声する。

　ここでのポイントは、「きゅ」を2拍ではなく、1拍として読む手がかり

として、カードを濃い灰色にすることで、淡い灰色を重ねたイメージにし、「き」と「ゆ」を一緒に読む目印とする。

　このように支援を進めると、文字「きゅ」の形態情報と「キュ」の音声情報に加え、手拍子の動作と触覚、視空間の位置の情報が多層的にエピソード・バッファーで結びつけられる。エピソードの記憶がより強固になり、忘れにくくなる〈**図3**〉。

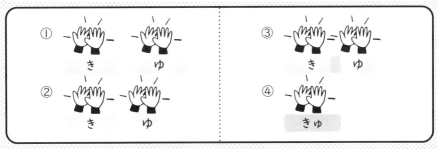

〈図2〉多感覚の情報の結びつきの形成

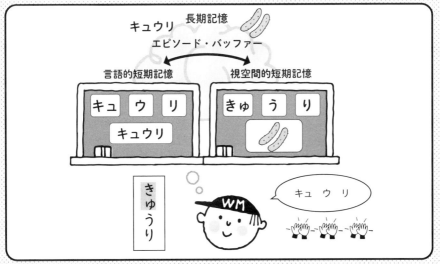

〈図3〉「きゅうり」の読みの支援

P.70 の「漢字の歌（日月火の3きょうだい・水金土の3しまい）」と同様、拗音、促音など、混乱しやすいかな文字の学習は、視覚（文字および絵）、聴覚（読み）、意味（絵）、動作などの多感覚の情報をエピソードバッファーで多層的に結びつけられるような支援を行う〈図4〉。

やゆよだんごむしのうた （「かえるのうた」のメロディで）

やゆよのだんごむし	やゆよのだんごむし	やゆよのだんごむし
ちいさくまるまるよ	ちいさくまるまるよ	ちいさくまるまるよ
や　ゆ　よ	や　ゆ　よ	や　ゆ　よ
「ち」とあわせて、	「き」とあわせて、	「ぴ」とあわせて、
ちゃ　ちゅ　ちょ	きゃ　きゅ　きょ	ぴゃ　ぴゅ　ぴょ

つわにのうた （「どんぐりころころ」のメロディで）

つわに　おくちが　おおっきいの
かまれたら　さあ　たいへん
おおきな　つわには　ふみつぶす
ちっちゃな　つわには　さっと　とぶ

〈図4〉

はやてさんのワーキングメモリプロフィール

Game	内容	スコア	標準スコア
1	数を覚えましょう	24	−0.06
2	線の位置を覚えましょう	12	−0.14
3	動物の大きさを比べながら、言葉を覚えましょう	7	−0.50
4	線の位置を覚えながら、長さを比べましょう	5	−0.68
5	言葉を覚えましょう	17	−0.14
6	図形を覚えましょう	11	0.19
7	逆の順番で数字を覚えましょう	9	−0.39
8	図形を覚えながら、回転しましょう	7	−0.30

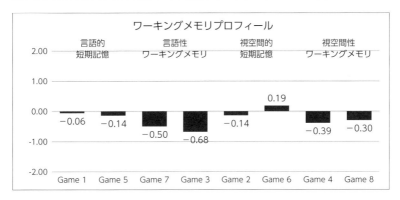

構成要素	Game	学習面での特徴	標準スコア
言語的短期記憶	1.5	音（言葉）を聞く・しゃべる学習	−0.08
言語性ワーキングメモリ	3.7	音（言葉）を聞きながら、考える学習	−0.58
視空間的短期記憶	2.6	物を見る・メージする学習	0.02
視空間性ワーキングメモリ	4.8	物を見たり、イメージしながら、考える学習	−0.65
総合得点：学ぶ力			−0.53

＊はやてさんの場合、言語領域、視空間領域それぞれは年齢相応であることが示されている。

はやてさん

つまずき分析チェックからわかること

つまずき分析チェック表（基本版）

テーマ	チェック項目	A	B	C	D	E	F
記入例	チェック項目内容 ※該当する場合はチェック		✓			✓	✓
	チェック項目内容 ※該当しない場合は打ち消し線						
ア.口頭表現	1. 言い間違い、言い忘れをする。						
	2. 新しい言葉を覚えにくい。						
	3. 一方的に話す。						
イ.読み	4. かな文字を読み間違える、読めない。	✓	✓				
	5. 漢字を読み間違える、読めない。	✓	✓	✓	✓		
	6. 文を読むのが苦手である。	✓	✓	✓			
	7. 文章を理解するのが苦手である。	✓	✓	✓	✓		
ウ.書き	8. かな文字を書くのが苦手である。	✓	✓			✓	
	9. 漢字の書きを間違える・書けない。	✓	✓	✓	✓	✓	
	10. 作文ができない。	✓	✓	✓	✓	✓	
エ.算数	11. ものを正しく数えられない。						
	12. 数の大きさや桁の意味がわからない。						
	13. たし算やひき算が難しい、時間がかかる。						
	14. 筆算で間違う。						
	15. 九九を覚えにくい。						
	16. 算数の用語を覚えにくい。						
	17. 文章題ができない。	✓	✓	✓			
	18. 時計の問題が苦手である。						
	19. 図形の問題が苦手である。						
	20. 小数、分数などの算数の概念がわかっていない。						
オ.授業態度	21. 教師の指示どおりにできない。						
	22. 授業中、集中して学習ができない。						
	23. 姿勢正しく椅子に座っていることができない。						
	24. 黒板をノートに写すのが遅い。						
カ.生活	25. 忘れ物が多い。						
	26. 整理整頓ができない。						
	27. 友だちとのトラブルが多い。						
	28. 約束や時間を守れない。						
	29. 感覚過敏がある。						
	30. 視覚のゆがみがある。						
	31. 手先が不器用である。						
	32. 運動が苦手である。						
	割合	50%	42%	37%	31%	30%	0%
	合計点	8/16	8/19	7/19	4/13	3/10	0/8

このつまずき分析チェック表およびグラフは、学級担任がはやてさんの様子を
チェックしました。ワーキングメモリの様子だけでなく、授業態度や生活など、学
習につまずく要因全体をチェックします。

つまずき分析チェックグラフ

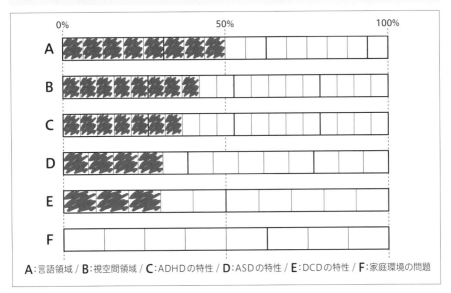

A：言語領域 / B：視空間領域 / C：ADHDの特性 / D：ASDの特性 / E：DCDの特性 / F：家庭環境の問題

　　はやてさんのつまずき分析チェックでは、はやてさんは、読み書
きが苦手なので、イ.の4、5、6、7およびウ.の8、9、10にチェック
が付きます。他方、算数に問題はないので、エ.の17以外はチェッ
クが付きません。そのため、言語WMおよび視空間WMの原因の
割合、特に言語WMの原因の割合が高くなっています。他方、は
やてさんは、学習の問題以外に、口頭表現、授業態度、生活に関し
ての問題はありません。WMの要因以上に、ASDの特性、ADHD
の特性、家庭環境の要因の影響は想定しにくくなっています。はや
てさんは、聞いたことを理解できるうえ、見たことを書けるため、言
語WMと視空間WMに問題があるという可能性は低いと判断で
きます。つまり、はやてさんは、音声情報を覚えておくことができ、
文字情報を覚えておくことができるが、両者を結びつけることが苦
手であり、それが読み書きの問題の原因であると言えます。

ゆいさんのケース①

書字が苦手

位置情報の記憶と処理（視空間的短期記憶・視空間性WM）の弱さにより学習につまずきのある、通常学級のゆいさんのケースで「書くこと」の苦手さについて考えてみたい。

担任

　ゆいさんは、小学2年生（8歳）の女児です。問題を読み飛ばしたり、最後まで読まなかったり、思い込みで答えようとします（❶）。

　ですが、国語の授業では、文章の意味や物語の主人公の気持ちについて正しく答えられるので、読んで理解ができないというわけではなさそうです。教科書の音読も、得意なほうです。高学年で習う難しい言葉も知っていますし、それを正しく使うこともできます（❷）。

　それに比べ、書くことがとても苦手です。漢字だけでなく、ひらがなもうまく書けず、マス目に文字を収められないようです（❸）。

視空間的短期記憶が弱いことが原因

●湯澤　ゆいさんの書くことに関するつまずきは（❸）、位置情報の記憶と処理の弱さが主な原因だと思われますが、不注意な特性も同時に、影響を及ぼしているようです（❶）。

　ゆいさんは、読んで理解することや音読は得意で語彙力もあるとのことですよね（❷）。それらは言語的短期記憶および言語性WMに支えられているため、ゆいさんのそれらの言語領域の力は年齢平均またはそれ以上であると推測されます。

　ゆいさんは音読ができる、つまり漢字が読めるので、漢字の形態と音声を結びつけ、漢字の形態から音声を想起することができていると考えられます。例えば、「木」という漢字から訓読み「キ」と音読み「モク」を想起し、文脈に応じて、「キ」と「モク」を読み分けることができます。「木材の『木』は、『材』と一緒に使われているから、「モク」と読む」と考え、判断することができます。

　ところが、「キ」の音声から「木」の形態を想起し、それを思い浮かべながら、順番に書こうとすると、うまくいかないようです。

　例えば、漢字の練習帳には、〈図1〉のように、1画ずつ書き順が書かれていて、それを順になぞると、「木」が書けるようになるものがあるでしょう。そのとき、「木」は4画なので、4本の線の位置を覚える必要があります。WMの考え方でいうと、視空間的短期記憶に、目標となる「木」の全体的形態を覚えておきながら、4本の線の位置も覚えておく必要があります。

　ゆいさんの場合は、視空間的短期記憶が弱いため、線を1本ずつ見て、視空間性WMで処理しながら書き終わると、その位置情報は消えてしまうようです。そのため、「木」を書き終わったとき、「木」を構成する4本の線の位置情報は、視空間的短期記憶に残っていません。見本を見ながら、漢字を何回書いても、「木」の線の位置情報の一部

または全部が消えてしまう限り、「木」の書き方を学習することはできません。

漢字をまったく覚えないわけではない

○担任　でも、ゆいさんは、漢字をまったく覚えていないわけではないようです。鏡文字になることがあるのと、線が１本多かったり少なかったりする間違いが多いのです。

●湯澤　漢字を書くためには、線を１本ずつどこにどのように書くのか、注意

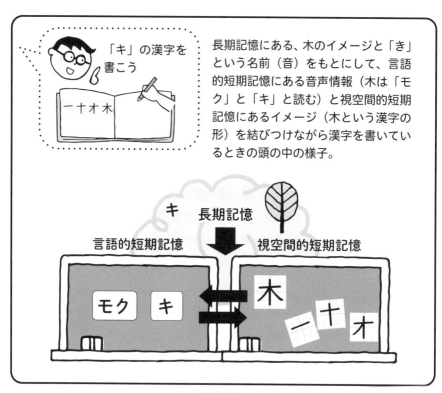

〈図1〉

を払う必要があります。ゆいさんは、視空間的短期記憶が弱いことに加えて、不注意な特性が強いため、書き方に混乱してしまうのでしょう。

漢字は、偏やつくりなどのパーツの組み合わせから構成されています。画数の少ない漢字（もしくはパーツ）から学習し、それを組み合わせて、より複雑で、画数の多い文字を学習していきます。例えば、「学」という漢字は、「ツ」「ワ」「子」のパーツからなっています。ゆいさんのように、言語性WMの強い子どもは、「『学』校で『ツ』と『ワ』を『子』どもが『学』ぶ」のような語呂合わせで、「学」のような画数が多い漢字も学習することができます〈図2〉。

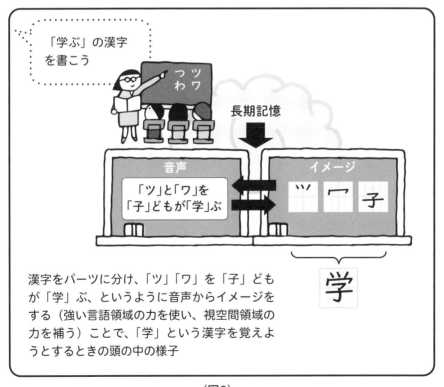

漢字をパーツに分け、「ツ」「ワ」を「子」どもが「学」ぶ、というように音声からイメージをする（強い言語領域の力を使い、視空間領域の力を補う）ことで、「学」という漢字を覚えようとするときの頭の中の様子

〈図2〉

ゆいさんの実態把握の まとめと支援方法

　ゆいさんの漢字の書きの問題は、位置情報に関する記憶と処理、すなわち視空間領域の視空間的短期記憶および視空間性WMの弱さと不注意な特性の両方に原因があると考えられる。

　ゆいさんは2年生なので、まだ、たくさんの漢字を学習していない。そこで、画数の少ない漢字から1画ずつ丁寧に書く練習を行うようにする。

　まず、〈図3の左〉のような漢字のパーツとなる1画の線をマス目のある枠の中に書き、それを正確に写す練習をする。正確に書けるようになったら、マス目の手がかりを除いて、写すようにする。

　次に、〈図4〉のように見本と答えを書くプリントを別にし、少し離して置き、見本を正確に写す練習をする。徐々に、見本と答えのプリントを離していく。

見本と同じ線を同じ位置に答えの枠に書きましょう。

	見本		答え
1	一		
2	ノ		
3	、		

〈図3〉

見本と答えを別の用紙に書きます。
下の例のように、見本と答えを徐々に離していきます。

	見本	← 離す →	答え
1	一		
2	ノ		
3	、		

〈図4〉

１画の線をある程度、書けるようになったら、３、４画の漢字を書く練習をする。子どもは、答えの枠に順に１画ごと書き込み、漢字を書く。正確に写せるようになったら、また、見本と答えの置く場所を離していくのもよい。

　次に、〈図５〉のように、見本の線をよく見たあと、見本をいったん紙で隠して、書くようにする。答えの枠には、書き始める箇所に印を付けておく。忘れてしまい書けない場合には、隠した紙をずらして見本を確認し、書くときは、必ず見本を隠して書くようにする。

　このようにして、さらに総画数が多い漢字もパーツに分けて学習していくようにする。

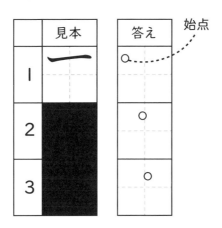

　見本の線をよく見たあと、それを黒の紙で隠します。隠したまま答えを書きます。わからなくなったら黒の紙をずらして見てもよいですが、答えを書くときは必ず見本を黒の紙で隠します。

〈図5〉

繰り返しになるが、ゆいさんの漢字の書きの問題は、位置情報に関する記憶・処理および不注意な特性の両方に原因があった。**〈図3〉**から**〈図5〉**の練習は、主に前者の原因に対応した支援方法の一例である。

不注意な特性に対する支援としては、ゆいさんに、その都度、意識的な対応を促す、教壇の近くにゆいさんの座席を指定し、授業中に適宜、机間指導を行うなどがある。小学校中高学年になるまでに、徐々に意識的な行動ができるように支援していくとともに、現段階では、不要な情報に注意を向けないようにする訓練を行う。例えば**〈図6〉**のように、それまで使用してきた**〈図3〜5〉**のようなプリントの見本部分に不要な線や図を色分けして書き込んでおく。それを無視して、黒い線だけに注目して、線または漢字を写す練習を行う。

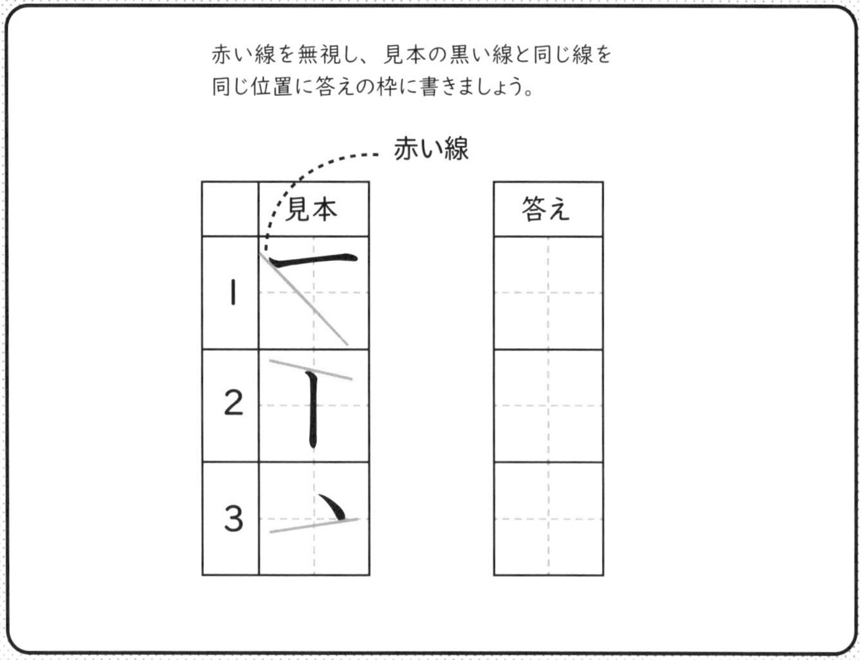
赤い線を無視し、見本の黒い線と同じ線を
同じ位置に答えの枠に書きましょう。
赤い線
見本
答え
1
2
3

〈図6〉

ゆいさんのワーキングメモリプロフィール

Game	内容	スコア	標準スコア
1	数を覚えましょう	35	1.50
2	線の位置を覚えましょう	8	−1.19
3	動物の大きさを比べながら、言葉を覚えましょう	15	0.81
4	線の位置を覚えながら、長さを比べましょう	3	−1.60
5	言葉を覚えましょう	23	1.06
6	図形を覚えましょう	8	−0.76
7	逆の順番で数字を覚えましょう	19	0.83
8	図形を覚えながら、回転しましょう	5	−0.97

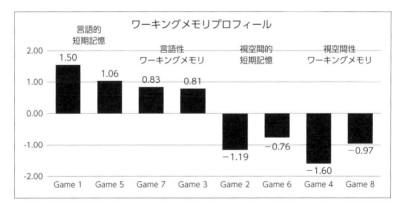

構成要素	Game	学習面での特徴	標準スコア
言語的短期記憶	1.5	音（言葉）を聞く・しゃべる学習	1.52
言語性ワーキングメモリ	3.7	音（言葉）を聞きながら、考える学習	0.99
視空間的短期記憶	2.6	物を見る・メージする学習	−1.23
視空間性ワーキングメモリ	4.8	物を見たり、イメージしながら、考える学習	−1.55
総合得点：学ぶ力			0.01

＊ ゆいさんの場合は、視空間性 WM の弱さが確認されている。

ゆいさん

つまずき分析チェックからわかること

つまずき分析チェック表（基本版）

テーマ	チェック項目	A	B	C	D	E	F
記入例	チェック項目内容　※該当する場合はチェック		✓			✓	✓
	チェック項目内容　※該当しない場合は打ち消し線	~~~	~~~	~~~	~~~	~~~	~~~
ア．口頭表現	1. 言い間違い、言い忘れをする。	~~~	~~~	~~~	~~~	~~~	~~~
	2. 新しい言葉を覚えにくい。	~~~	~~~	~~~	~~~	~~~	~~~
	3. 一方的に話す。	~~~	~~~	~~~	~~~	~~~	~~~
イ．読み	4. かな文字を読み間違える、読めない。	~~~	~~~	~~~	~~~	~~~	~~~
	5. 漢字を読み間違える、読めない。	~~~	~~~	~~~	~~~	~~~	~~~
	6. 文を読むのが苦手である。	~~~	~~~	~~~	~~~	~~~	~~~
	7. 文章を理解するのが苦手である。	~~~	~~~	~~~	~~~	~~~	~~~
ウ．書き	8. かな文字を書くのが苦手である。	✓	✓	✓		✓	
	9. 漢字の書きを間違える・書けない。	✓	✓	✓		✓	
	10. 作文ができない。	✓	✓	✓		✓	
エ．算数	11. ものを正しく数えられない。		✓	✓			
	12. 数の大きさや桁の意味がわからない。		✓				
	13. たし算やひき算が難しい、時間がかかる。		✓			✓	
	14. 筆算で間違う。		✓				
	15. 九九を覚えにくい。	~~~	~~~	~~~	~~~	~~~	~~~
	16. 算数の用語を覚えにくい。	~~~	~~~	~~~	~~~	~~~	~~~
	17. 文章題ができない。	✓	✓	✓			
	18. 時計の問題が苦手である。		✓				
	19. 図形の問題が苦手である。		✓				
	20. 小数、分数などの算数の概念がわかっていない。	~~~	~~~	~~~	~~~	~~~	~~~
オ．授業態度	21. 教師の指示どおりにできない。	✓		✓			✓
	22. 授業中、集中して学習ができない。	✓		✓			✓
	23. 姿勢正しく椅子に座っていることができない。			✓	✓	✓	
	24. 黒板をノートに写すのが遅い。	✓		✓		✓	
カ．生活	25. 忘れ物が多い。			✓	✓	✓	
	26. 整理整頓ができない。		✓	✓		✓	
	27. 友だちとのトラブルが多い。	~~~	~~~	~~~	~~~	~~~	~~~
	28. 約束や時間を守れない。			✓	✓		✓
	29. 感覚過敏がある。	~~~	~~~	~~~	~~~	~~~	~~~
	30. 視覚のゆがみがある。	~~~	~~~	~~~	~~~	~~~	~~~
	31. 手先が不器用である。	~~~	~~~	~~~	~~~	~~~	~~~
	32. 運動が苦手である。	~~~	~~~	~~~	~~~	~~~	~~~
	割合	44%	63%	63%	46%	70%	88%
	合計点	7/16	12/19	12/19	6/13	7/10	7/8

このつまずき分析チェック表およびグラフは、学級担任がゆいさんの様子をチェックしました。ワーキングメモリの様子だけでなく、授業態度や生活など、学習につまずく要因全体をチェックします。

つまずき分析チェックグラフ

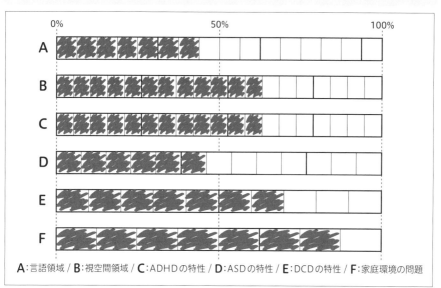

A:言語領域 / B:視空間領域 / C:ADHDの特性 / D:ASDの特性 / E:DCDの特性 / F:家庭環境の問題

ゆいさんのつまずき分析チェックでは、ゆいさんは、口語表現や読みに問題はありませんが、書きが苦手なので、ウ.書きの8、9、10にチェックが付きます。他方、算数が苦手なので、エ.算数の11、12、13、14、17、18、19にチェックが付きます。そのため、書きや算数と関連が深い視空間WMの原因の割合が高くなっています。他方、ゆいさんはオ.授業態度の21、22、23、24にチェックが付きます。また、カ.生活に関して、25、26、28にチェックが付きます。そのため、WMの要因以上に、ADHDの特性、DCDの特性、家庭環境の要因の影響が考えられます。ゆいさんの場合、支援を考えるうえで、視空間WMの弱さに加えて、ADHDの特性、DCDの特性、家庭環境の要因の影響の可能性も考慮する必要があります。

国語

さくらさんのケース

漢字を書くことを嫌がる

年齢相応に漢字を読めるにもかかわらず、書くのを嫌がり、すべてひらがなで書く児童のケースを取り上げる。小学校通常学級担任にその児童の問題について聞きながら、支援方法を考えていく。

担任

　さくらさんは、4年生（9歳）の女児です。3年生でも担任だったのですが、音読で語尾を短縮したり、勝手読みをしたりすることがあったものの、そこまで気にはなりませんでした。しかし、今の学年になり、読み間違いがさらに増えてきたように思います。漢字以外にも、カタカナで書かれた「フォーク」や「キャラクター」なども読み間違えてしまいます（**❶**）。

読み間違いや読み飛ばしが起こる

●湯澤 まず、文章の読み間違いは、音読させるとわかりますが、先生が気になっているのは、国語の教科書の音読の場面ですか。

○担任 はい。プリントなどの短い文章はそれほど読み間違えることはないのですが、国語の教科書が下学年より文字数が多くなったからか、頻繁に読み間違いや読み飛ばしなどが起こります。縦書きの文章が長く続くと、パッと見た文字が、似た言葉になってしまうようです。文字としてきちんと捉えられていないような気がします。

●湯澤 文章の内容は、どのくらい理解しているのでしょうか。さくらさんは、国語のテストで、文章の内容に関する問題に正しく答えることができていますか。

○担任 問題に全く答えられないわけではありません。文章の内容は大まかに理解できるようです。しかし、この代名詞が何を指すか、この文はどんな状況を意味しているのか、といった文章の細かい内容を問うものはできません（❷）。

●湯澤 書くことについてはどうですか。

○担任 さくらさんが自分一人で書くと、早く書き終えたい気持ちが強いためか、乱雑になります。特に漢字は、形を捉えにくいのか、バランスがとても悪いのです（❸）。大人がそばについて丁寧にゆっくり書かせると、ひらがなは違和感のない形に書けます。

●湯澤 さくらさんは漢字を読むことはできるのでしょうか。

○担任 ４年生で習う漢字はまだ覚え切れていませんが、３年生までの漢字はだいたい読めます（❹）。板書をノートに書き写すとき、漢字を含めたままではなく、しばしば全部ひらがなにして書きます。しかも、枠線からはみ出し、ほかの人には読めません。もっとも、ノートに書かない場合のほうが多いようです。

●湯澤 算数はどうでしょうか。計算は正確にできますか。

○担任　基本的な計算に問題はありません。筆算も間違えずに行うことができます。分数や小数も理解しています。文章題もだいたい解くことができています（**❺**）。

●湯澤　図形に関してはどうでしょうか。

○担任　面積などの立式はできますが、三角定規を平行に動かすことや作図が苦手です。不器用なのか、定規やコンパスでそれっぽい線や丸は書けますが、きれいには書けません（**❻**）。

●湯澤　手先が不器用だと思われたのには、ほかにはどんな場面がありますか。

○担任　はい。工作などで見本があっても、カッターやはさみなど使って同じものが作れません。また、リコーダーなどの楽器をうまく扱うことも苦手です。もしかすると、左右の手で、別の動きを行うことが難しいのかもしれませんね。

●湯澤　体育の授業では、運動はうまくできていますか。

○担任　身体の動きがぎこちなく、マット運動や跳び箱などができません。球技も苦手で、キャッチボールができません。飛んできたボールを受け止めることも投げることも苦手です（**❼**）。

●湯澤　教室での授業中の姿勢はどうでしょうか。1時間、背をまっすぐにして座っていることが難しいということはないでしょうか。

○担任　そういえば、さくらさんは、椅子にだらんと座っていたり、机にうつ伏せになったりしていることが多いですね（**❼**）。

●湯澤　友だちとの関係はどうでしょうか。

○担任　仲のよい友だちが数人いて、休み時間はそのグループで一緒にいるようです。特に、トラブルがあるようには見えません（**❽**）。

 視空間的短期記憶、視空間性ワーキングメモリが弱い?!

- -

●湯澤　なるほど。さくらさんの様子がわかりました。さくらさんの読み書きの問題の原因と、支援方法について順番に説明していきましょう。

○担任　よろしくお願いします。

●湯澤　最初に先生からおうかがいしたお話に、さくらさんはカタカナの単語を読み間違えるというエピソードがありました（❶）。そこから、音声情報を正確に保持しておく言語的短期記憶が弱いのではないかと思われそうですが、言語的短期記憶が弱ければ、❹のように、漢字の読みを覚えることはできません。読みの発達がややゆっくりではありますが、漢字の読みを覚えられることは、さくらさんの言語的短期記憶が少なくとも年齢相応であることを意味しています。また、文章の読み間違いをしているにもかかわらず、文章の内容は大まかに理解しています（❷）。このことは、さくらさんが音声情報について考える力があり、言語性WMも年齢相応であることを意味しています。もちろん、文章の文字を丁寧に読むことができないので、代名詞や特定の表現の意味を正確に理解することは難しいようです（❷）。

　他方、読み間違いや書くことの困難さから、位置や形の情報が覚えられず（❸）、視空間的短期記憶や視空間性WMが弱いのではないかと疑われます。ただし、このことは、基本的な計算に問題はなく、筆算も間違えずに行うことができる様子と食い違います（❺）。視空間的短期記憶や視空間性WMが弱ければ、計算や筆算も苦手であるはずです。

　ただし、読み間違いや書くことの困難さに関連するさくらさんの特徴は、手先が不器用なこと（❻）と、身体の動きがぎこちないこと（❼）です。こうした特性は、発達性協調運動症（DCD）のある子どもによく見られます。さくらさんは診断は受けていませんが、DCDの特性があるようです。DCDの特性がある場合には、視空間性WMにも弱さが見られる傾向がありますが、さくらさんの場合、手や身体の動きのイメージを保持しながら、手や身体などを動かすことが苦手であるようです。従って、文章の読み間違いや読み飛ばしは、視線や舌を動かすことのぎこちなさが原因であると思われます。また、書きの問題も、視空間的短期記憶の文字のイメージに沿って、手を操作することに多くの認知的資源を使うため、さくらさんにとって大変労力

の必要な作業であるからだと思われます。他人よりも数倍大変で、時間がかかる作業を他人と同じ時間で書くことは困難です、そのため、そもそも書きたがらず、書いたとしても、乱雑になってしまうのでしょう。

　三角定規を平行に動かすことや作図が苦手であったり、コンパスできれいな円を書くことができなかったりすることは（❻）、同じ原因によるものと思われます。

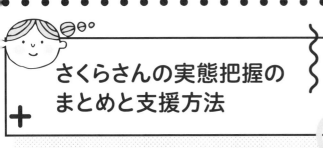

さくらさんの実態把握の まとめと支援方法

　さくらさんの読み書きの問題は、視線や舌、手指などの身体の操作の難しさに原因があるようだ。特に、漢字の書きの動作をイメージし、それに従って手指をコントロールすることに困難があると考えられる。ただし、身体の動作が関わらないイメージ自体の記憶と処理に問題はない。

　さくらさんが小学校4年生であることを考えると、手指の動きのコントロールを訓練し、漢字などの文字を書けるようにすることは、時間がかかり、大変である。また、書くこと自体に認知的資源を使うため、考えることに認知的資源を割くことができず、本来の学習の目的である思考力を伸ばすことができない。そこで、パソコンやタブレットなど、さくらさんの使いやすい道具で書くようにする。パソコンにしろタブレットにしろ、手先を使うため、さくらさんにとってどの道具が最も操作しやすく、それ自体に認知的資源を使わずに済むかを確認して選択する。

　他方で、基本的な漢字については、書けるようにしておきたい。さくらさんは、漢字を読めるので、漢字の全体的な形態を認識することはできるが、それを構成する線の情報を経時的にイメージし、それに合わせて手を操作することが苦手である。そのため、漢字を書くことに中央実行系の認知的資源を集中して使えるようにすることが大切である。

　1つの方法として、動作をリズムに合わせた踊りのように覚え、音声、イメージ、動作または身体の形を一体的に操作する活動をする。〈図1〉にそのような活動に用いる歌の例を示す。このような歌は、音声、イメージ、動作を多感覚的に用いて学習するため、ワーキングメモリの負荷が減り、さくらさんのような子どもだけでなく、言語性・視空間性WMが弱く、漢字が覚えられない子どもに役立つ。

日 月 火の　３きょうだい　へんしん　日 月 火

日 月 火　ようびと　あわせて　日よう　月よう　火よう

水 金 土の　３しまい　へんしん　水 金 土

水 金 土　ようびと　あわせて　水よう　金よう　土よう

〈図１〉日月火の３きょうだい（上）・水金土の３しまい（下）
　　　※「かえるのうた」のメロディで

さくらさんのワーキングメモリプロフィール

Game	内容	スコア	標準スコア
1	数を覚えましょう	30	0.30
2	線の位置を覚えましょう	16	0.07
3	動物の大きさを比べながら、言葉を覚えましょう	14	0.34
4	線の位置を覚えながら、長さを比べましょう	9	−0.42
5	言葉を覚えましょう	23	0.84
6	図形を覚えましょう	16	0.34
7	逆の順番で数字を覚えましょう	18	0.26
8	図形を覚えながら、回転しましょう	8	−0.53

ワーキングメモリプロフィール

言語的短期記憶	言語性ワーキングメモリ	視空間的短期記憶	視空間性ワーキングメモリ

0.30　0.84　0.26　0.34　0.07　0.34　−0.42　−0.53

Game 1　Game 5　Game 7　Game 3　Game 2　Game 6　Game 4　Game 8

構成要素	Game	学習面での特徴	標準スコア
言語的短期記憶	1.5	音（言葉）を聞く・しゃべる学習	0.62
言語性ワーキングメモリ	3.7	音（言葉）を聞きながら、考える学習	0.36
視空間的短期記憶	2.6	物を見る・メージする学習	0.26
視空間性ワーキングメモリ	4.8	物を見たり、イメージしながら、考える学習	−0.54
	総合得点：学ぶ力		0.24

＊さくらさんの場合、視空間性ワーキングメモリの弱さが示されている。

さくらさん

つまずき分析チェックからわかること

つまずき分析チェック表（基本版）

テーマ	チェック項目	A	B	C	D	E	F
記入例	チェック項目内容　※該当する場合はチェック		✓			✓	✓
	チェック項目内容　※該当しない場合は打ち消し線						
ア．口頭表現	1. 言い間違い、言い忘れをする。						
	2. 新しい言葉を覚えにくい。						
	3. 一方的に話す。						
イ．読み	4. かな文字を読み間違える、読めない。	✓	✓				
	5. 漢字を読み間違える、読めない。	✓	✓	✓	✓		
	6. 文を読むのが苦手である。	✓	✓				
	7. 文章を理解するのが苦手である。						
ウ．書き	8. かな文字を書くのが苦手である。	✓				✓	
	9. 漢字の書きを間違える・書けない。	✓		✓	✓	✓	
	10. 作文ができない。	✓	✓	✓	✓	✓	
エ．算数	11. ものを正しく数えられない。						
	12. 数の大きさや桁の意味がわからない。						
	13. たし算やひき算が難しい、時間がかかる。						
	14. 筆算で間違う。						
	15. 九九を覚えにくい。						
	16. 算数の用語を覚えにくい。						
	17. 文章題ができない。						
	18. 時計の問題が苦手である。						
	19. 図形の問題が苦手である。		✓				
	20. 小数、分数などの算数の概念がわかっていない。						
オ．授業態度	21. 教師の指示どおりにできない。						
	22. 授業中、集中して学習ができない。						
	23. 姿勢正しく椅子に座っていることができない。			✓	✓	✓	✓
	24. 黒板をノートに写すのが遅い。						
カ．生活	25. 忘れ物が多い。						
	26. 整理整頓ができない。						
	27. 友だちとのトラブルが多い。						
	28. 約束や時間を守れない。						
	29. 感覚過敏がある。						
	30. 視覚のゆがみがある。						
	31. 手先が不器用である。		✓	✓		✓	
	32. 運動が苦手である。		✓	✓		✓	
	割合	38%	47%	42%	31%	60%	13%
	合計点	6/16	9/19	8/19	4/13	6/10	1/8

このつまずき分析チェック表およびグラフは、学級担任がさくらさんの様子をチェックしました。ワーキングメモリの様子だけでなく、授業態度や生活など、学習につまずく要因全体をチェックします。

つまずき分析チェックグラフ

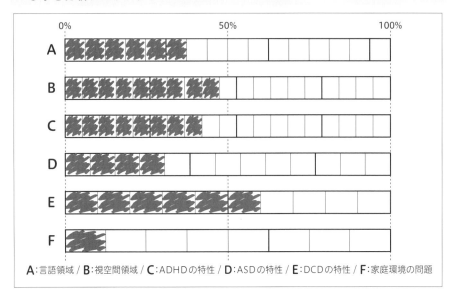

A：言語領域 / B：視空間領域 / C：ADHDの特性 / D：ASDの特性 / E：DCDの特性 / F：家庭環境の問題

　さくらさんのつまずき分析チェックでは、さくらさんは、読み間違えが多く、読むことや書くことを嫌がります。そのため、イ.読みの4、5、6、ウ.書きの8、9、10にチェックが付きます。他方、エ.算数では、特に問題がなく、19のみチェックが付きます。そのため、書きや算数と関連が深い視空間WMの原因の割合が高くなっています。他方、さくらさんはオ.授業態度の23にチェックが付きます。また、カ.生活に関して、31、32にチェックが付きます。そのため、WMの要因以上に、DCDの特性の要因の影響が大きくなっています。さくらさんは、姿勢の保持の難しさや手先や身体の操作の不器用さを抱えているので、これらの問題は、DCDの特性に密接に関わっています。DCDの特性は、視線などの注意のコントロールや、視空間WMの弱さにも関わっていますので、このことが学習活動に影響していると言えます。

のあさんのケース

漢字を書くことが苦手 ▶▶▶

年齢相応に漢字を読めるにもかかわらず、書くことが苦手な児童のケースを取り上げる。小学校通常学級担任にその児童の問題について聞きながら、支援方法を考えていく。

担任

　のあさんは、4年生（9歳）の女児です。とにかく書くことが苦手で、漢字テストはいつも白紙です。保護者から、のあさんが家庭で宿題をするときイラつくことが多く、そのような状態を目にして、どこまで宿題をやらせたらよいのか、相談を受けました。最近は、学校を休みがちで、宿題ができないストレスが原因なのではないかと保護者から聞いています。

作文はほぼひらがなで書く

●湯澤　ひらがなやカタカナはどのくらい書けますか。

○担任　拗音をたまに書き間違えます。また、似ている形の文字をしばしば混同し、書き間違えます。例えば、「ね」を書こうとして「れ」と書き、最後に反時計回りに、クルッと書きます。

●湯澤　漢字についても、詳しく教えてください。

○担任　はい。漢字を覚えることがとても苦手で、覚えられません。お手本を見ながら書いた漢字のバランスも悪く、書き順どおりに書けません（❶）。

●湯澤　作文や文章を書くときには、すべてひらがなで書くということでしょうか。

○担任　はい。ほぼ、ひらがなで書きます。文を考えることはむしろ得意なのです。ところが、頭の中にあるその文を急いで書こうとするためか、文字が雑で読めなくなってしまいます。しかも書き直すことを嫌がって、書き直そうとしません。

●湯澤　板書をノートに書き写すときも同様でしょうか。

○担任　はい。ひらがなで書きます。黒板の文を頭の中で読んで、その文を急いで書こうとしているようです。ノートの文字がとても乱雑です。

●湯澤　ということは、のあさんは、漢字を書くことはできませんが、読めるわけですね。

○担任　はい。読むことに問題はありません。むしろ、読むことは得意であり、本を読むことが好きです。本を読むときは集中していて、周りの音や声が聞こえていないくらいです。偉人の伝記などを読んで、話の中に出てくる年号や名前、亡くなった年齢など、細かいことをよく覚えています。また、ニュースを見るのが好きで、世の中のしくみや出来事を知りたがり、国や争いのことについて保護者に尋ねるそうです（❷）。

計算はできるが図形は正確に描けない

●**湯澤** 算数はどうでしょうか。

○**担任** 低学年のときから計算や時計は、特に丁寧に習わなくてもすらすらと解けていたと聞いています（**❸**）。ただし、図形を正確に描くことができません。

●**湯澤** 形を捉え、まねして描くことは難しいのですね。

○**担任** はい。算数の図形だけではなく、絵を描くことも苦手です（**❹**）。

●**湯澤** 手先が不器用なのでしょうか。

○**担任** そうではないように思います。文字を書くのは乱雑で、鉛筆の操作がうまくできないように見えますが、図画工作や理科の実験などでの細かい作業が苦手なわけではありません。また、運動や球技も比較的得意なほうです。

●**湯澤** 友だちとの関係はどうでしょうか。

○**担任** 低学年のころは、自分の気持ちをそのまま相手にぶつけて、ケンカになることが多いようでした。学年が上がるにつれて、相手への伝え方を考え、『言ってしまったらケンカになるから』と、自分の胸に収めることができるようになりました。しかし、その分、帰宅後イライラしていたり、泣いたり、妹や物などに八つ当たりしたりしてしまうそうです（**❺**）。学校で何かトラブルが生じたとき、そのときの状況や気持ちなどを聞くのですが、うまく説明できないことがしばしばあります。気持ちの整理や処理ができていない状態で帰宅しているから、不安定なのでしょうか。

視空間短期記憶および視空間性WMが弱い?!

●湯澤 　なるほど。様子がわかりました。のあさんの書きの問題の原因と支援
　　　　方法について、順番に説明していきましょう。

○担任 　よろしくお願いします。

●湯澤 　❷の様子から、のあさんは、漢字の読みは覚えられること、伝記など
　　　　を読んで数字や名前などを覚えていることなどから、音声情報を正確
　　　　に保持しておく言語的短期記憶は強いと思われます。また、ニュース
　　　　を見て、世の中のしくみや出来事について考えることが好きなため、
　　　　言語性WMも強いと判断できます。

　　　　　すると、のあさんが書くことが苦手で、漢字を覚えることができな
　　　　いこと（❶）の原因として、視空間的短期記憶および視空間性WMの
　　　　弱さが考えらます。

○担任 　でも、それらの力が弱いと、計算や時計の学習が苦手になるのではな
　　　　いのですか。

●湯澤 　はい。ご指摘のように、視空間的短期記憶や視空間性WMは算数の学
　　　　習の基礎になるので、それらが弱いと、算数が苦手になります。ただ
　　　　し、視空間的短期記憶や視空間性WMは、２種類の情報を取り扱いま
　　　　す。形情報と位置情報です。算数の学習の基礎になるのは、主に位置
　　　　情報に関する短期記憶やワーキングメモリです。心的な数直線上の位
　　　　置で数量をイメージし、操作することで、計算を行います。

　　　　　それに対して、漢字の学習は、形情報と位置情報の両者の記憶と操
　　　　作が必要です。例えば、「木」の漢字を学習するためには、目標とな
　　　　る「木」の形情報を視空間的短期記憶に覚えておく必要があります。
　　　　そのうえで、その構成要素の形と位置（「―」「｜」「／」「＼」）を順次、
　　　　想起しながら手を操作し、書いていきます〈図１〉。書いている間、
　　　　目標となる漢字の形情報「木」を忘れてしまうと、その構成要素の形
　　　　と位置もわからなくなり、書けなくなります。また、構成要素の形と

位置を忘れてしまっても、漢字が書けなくなります。おそらく、のあさんは、形情報の記憶と処理に弱さがあるのでしょう。

○担任　なるほど。そうなのですね。漢字が書けないことは、のあさんがイライラしやすいこと（❺）と関係ありますか。

●湯澤　のあさんは、相手や自分の気持ちを把握しにくい特性（ＡＳＤ）があるようです。一方で、言語性WMが強いので、「友だちに乱暴な言葉は言わない」といったルールを言葉で学習できるようです。しかし、自分の気持ちを正確に把握できないので、モヤモヤした気持ちが残ります。おそらく、漢字が書けないことについても、どうして漢字が書けないのか理由がわからず、モヤモヤして、ストレスを感じているでしょう。そのストレスへの適切な対処のしかたもわからないため、学校を休みがちなのだと思います。

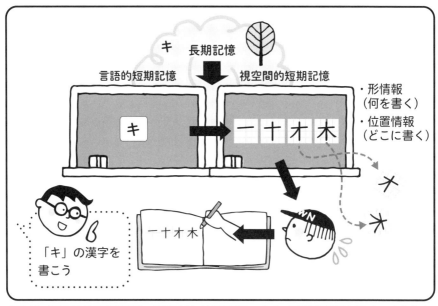

〈図１〉視空間的短期記憶の形情報と位置情報のうち、形情報（何を書くのか）を忘れてしまったことによる書きの失敗
※➡：漢字の書きのプロセスを表す

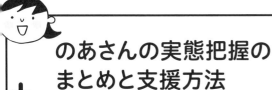

のあさんの実態把握の まとめと支援方法

　のあさんの書きの問題は、視空間的短期記憶および視空間性WMにおいて、形情報を保持し、処理することの弱さに原因があるようだ。のあさんは、ASDの特性があるようだが、ASDの子どもは、ワーキングメモリの記憶や処理の力に極端な凸凹があることが多く、のあさんは音声情報の記憶や処理はむしろ強いようだ。

　また、のあさんが4年生であることを考えると、今から漢字の書きを覚えることは、大変である。そして、考える力があり、表現したいアイデアが豊富なのあさんの場合、認知資源を考えることに用いて、表現したい思いを適切に文章に書けるようにすることのほうが大切である。

　そこで、P.69で紹介したさくらさんと同様、パソコンやタブレットなど、のあさんが書くときに使いやすい道具を利用する。パソコンやタブレットの操作に慣れれば、手で書くよりもむしろ、豊かな才能を発揮できるかもしれない。

　他方で、基本的な漢字については、書けるようにしておきたい。のあさんは、漢字の形を覚えておくことが苦手である。そこで、まず、〈**図2**〉のように、漢字を構成する部首の形をパーツごとに順次書く練習を行う。のあさんは、位置を記憶することは比較的得意なので、パーツの位置を覚えやすいように、マス目のある枠の中に位置づけた見本を見ながら、右側の答えの欄に形を順次書いていく。

　もちろん、すぐに覚えられるわけではない。そのため、1分間などと時間を決めて、毎日、何文字書けるかを記録する。繰り返すうちに、書ける文字の個数が増えていくので、自分の進歩がわかる。そして繰り返し書いていくうちに、漢字を構成する部首の形の知識を増やしていく。こうした知識の積み重ねが、書く力の向上につながっていく。

左の　みほんと　おなじ　3つの　くろの　せんを
じゅんばんに　右の　こたえの　わくに　書いて
れいのように　1つの　かたちを　つくります。

	見本			答え
1	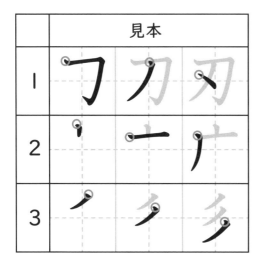			
2				
3				

〈図2〉漢字の形の書きのトレーニング

のあさんのワーキングメモリプロフィール

Game	内容	スコア	標準スコア
1	数を覚えましょう	30	0.30
2	線の位置を覚えましょう	17	0.28
3	動物の大きさを比べながら、言葉を覚えましょう	20	1.57
4	線の位置を覚えながら、長さを比べましょう	15	0.91
5	言葉を覚えましょう	21	0.35
6	図形を覚えましょう	7	−1.24
7	逆の順番で数字を覚えましょう	21	0.70
8	図形を覚えながら、回転しましょう	6	−0.96

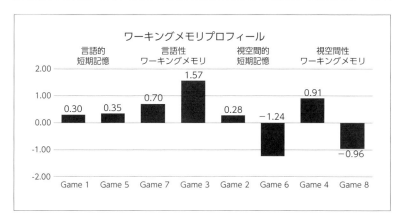

構成要素	Game	学習面での特徴	標準スコア
言語的短期記憶	1.5	音（言葉）を聞く・しゃべる学習	0.38
言語性ワーキングメモリ	3.7	音（言葉）を聞きながら、考える学習	1.30
視空間的短期記憶	2.6	物を見る・メージする学習	−0.66
視空間性ワーキングメモリ	4.8	物を見たり、イメージしながら、考える学習	−0.03
総合得点：学ぶ力			0.35

＊ のあさんの場合、形情報の記憶と処理の弱さが示されている（Game6.8）。

つまずき分析チェックからわかること

つまずき分析チェック表（基本版）

テーマ	チェック項目	A	B	C	D	E	F
記入例	チェック項目内容　※該当する場合はチェック		✓			✓	✓
	チェック項目内容　※該当しない場合は打ち消し線	~~ ~~	~~ ~~	~~ ~~	~~ ~~	~~ ~~	~~ ~~
ア．口頭表現	1. 言い間違い、言い忘れをする。						
	2. 新しい言葉を覚えにくい。						
	3. 一方的に話す。				✓	✓	
イ．読み	4. かな文字を読み間違える、読めない。						
	5. 漢字を読み間違える、読めない。						
	6. 文を読むのが苦手である。						
	7. 文章を理解するのが苦手である。						
ウ．書き	8. かな文字を書くのが苦手である。	✓	✓	✓		✓	
	9. 漢字の書きを間違える・書けない。	✓	✓		✓	✓	
	10. 作文ができない。	✓	✓	✓	✓	✓	
エ．算数	11. ものを正しく数えられない。						
	12. 数の大きさや桁の意味がわからない。						
	13. たし算やひき算が難しい、時間がかかる。						
	14. 筆算で間違う。						
	15. 九九を覚えにくい。						
	16. 算数の用語を覚えにくい。						
	17. 文章題ができない。						
	18. 時計の問題が苦手である。						
	19. 図形の問題が苦手である。		✓				
	20. 小数、分数などの算数の概念がわかっていない。						
オ．授業態度	21. 教師の指示どおりにできない。						
	22. 授業中、集中して学習ができない。						
	23. 姿勢正しく椅子に座っていることができない。						
	24. 黒板をノートに写すのが遅い。						
カ．生活	25. 忘れ物が多い。						
	26. 整理整頓ができない。						
	27. 友だちとのトラブルが多い。			✓	✓		✓
	28. 約束や時間を守れない。						
	29. 感覚過敏がある。						
	30. 視覚のゆがみがある。						
	31. 手先が不器用である。						
	32. 運動が苦手である。						
	割合	19%	21%	21%	31%	40%	13%
	合計点	3/16	4/19	4/19	4/13	4/10	1/8

このつまずき分析チェック表およびグラフは、学級担任がのあさんの様子をチェックしました。ワーキングメモリの様子だけでなく、授業態度や生活など、学習につまずく要因全体をチェックします。

つまずき分析チェックグラフ

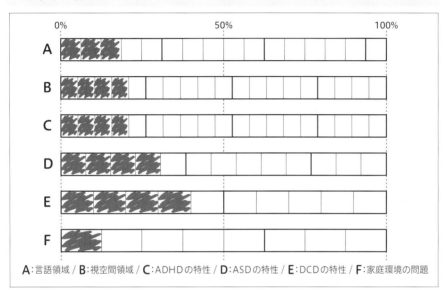

A：言語領域 / B：視空間領域 / C：ADHDの特性 / D：ASDの特性 / E：DCDの特性 / F：家庭環境の問題

のあさんのつまずき分析チェックでは、のあさんは、読むことに問題はありませんが、書くことが苦手なので、ウ.書きの8、9、10にチェックが付きます。また、算数では、図形を描く以外に問題はないので、エ.算数には19以外はチェックが付きません。そのため、言語WMはもちろん、書きや算数と関連が深い視空間WMの原因の割合はそれほど高くありません。これは、のあさんのワーキングメモリプロフィールと食い違っています。それは、ワーキングメモリプロフィールでは、視空間的短期記憶や視空間性WMの中でも、位置情報を記憶・処理するゲームと形情報を処理するゲームが区別されているためです。のあさんは、形情報の記憶と処理に特異的に難しさを抱えています。書きが苦手なため、DCDの特性の影響が高くなっていますが、手指の操作や身体運動に不器用さはないので、その可能性を考える必要はありません。他方、のあさんは、しばしば友だちとのトラブルがあり、ア.口語表現の3、カ.生活の27にチェックが付き、ASDの特性、ADHDの特性の影響が相対的に高くなっています。

あおいさんのケース

文章の読解が苦手

小学校の通常学級に在籍する4年生（9歳）男児のあおいさんの担任からの質問を受け、つまずきの背景と支援方法を考えていく。

担任

　あおいさんは、注意欠如・多動症（ADHD）の診断を受けています。落ち着きがなく、じっと座って集中して物事に取り組むことが苦手です。注意を持続させるために、授業中、何度も声をかける必要があります（❶）。

読解問題はほとんど答えられない

● **湯澤** あおいさんの学習上の問題は、どんなことでしょうか。

○ **担任** ひらがなやカタカナの読みに問題はありませんが、書く文字が乱雑で、ときどき間違いがあります。漢字については、音読みと訓読みを間違えたり、線や形の一部を書き間違えたりすることがしばしばあります。といっても、テストでは学年相応の漢字の読み書きはだいたい覚えています（❷）。しかし、読解問題では、文章の内容に関する問いにほとんど答えられません（❸）。

● **湯澤** 国語の文章を音読するときは、どんな様子でしょうか。

○ **担任** スラスラ読めるわけではありませんが、音読はできます。しかし、行や語句を読み飛ばしていても気がつきません（❹）。

● **湯澤** なるほど。あおいさんは、ひらがなとカタカナ、学年相応の漢字について読み書きができるので（❷）、音声情報を記憶することに問題はなさそうです。つまり、単純に音声情報を記憶する言語的短期記憶は年齢相応であると思われます。

　　しかし、行や語句を読み飛ばしても気づかない様子から（❹）、文章の音読はできても、意味を十分理解していないと思われます。読みながら意味を理解できていれば、行や語句を飛ばしたことに気づくはずです。文章の意味を理解していないと、当然ながら、文章についての問題には答えられません。これには、2つの原因がありそうです。

原因はADHDの特性と言語性WMの働きの弱さ

　　第一に、ＡＤＨＤの特性です。文章の意味を理解するためには、1文字ずつ、1単語ずつ丁寧に視線を移動させながら、その文字や言葉

を認識する必要があります。文字や言葉を飛ばしてしまうと、意味が途切れて、わからなくなります。ところが、ＡＤＨＤの特性があると、周りの文字などに注意を取られやすく、まさに読んでいる該当箇所に順次注意を向けることに、人一倍エネルギーを使います。そのため途中で注意がそれ、飛ばして別の箇所を読んでしまうことが起こります。

　加えて、問題文もきちんと読んでいない可能性があります。問われていることを正確に把握しなければ、正しく答えることはできません。

　第二に、音声情報を覚えながら、考えることが苦手であると考えられます。文章の意味を理解するためには、読み上げた文の音声情報を言語的短期記憶に保持しながら、その意味を長期記憶の語彙知識を参照して考える必要があります。音声情報を保持しながら、その意味を考えることは、言語性WMの働きです。あおいさんは、言語性WMの働きが弱いと考えられます。

　例えば、次の文章を読む場合を考えてください。

---

　①たぬきのタンタンが山から池のつつみまで下りてくると、近くの田んぼがキラキラと光っています。
　②よく見ると、たくさん実った稲穂に雨粒が残り、ずしりと重そうです。

　まず、①の文を読んだとき、言語性WMに「タンタン」「山」「つつみ」「田んぼ」「キラキラと光る」などの情報を保持しながら、つつみにたたずむたぬきのイメージを思い浮かべます〈図1左〉。このとき、「つつみ」の意味がわからないと、山、池、田んぼとのつながりがわかりません。

　また、続く②の文から、キラキラ光るものは雨粒であること、稲穂が実っていることから季節が秋であること、残っている雨粒からそれまで雨が降っていたことを読み取ります〈図1右〉。それらの状況をイメージできると、その次に続く文も理解しやすくなります。

　あおいさんの場合、これらの単語や情景が想像できていないようです。そのため、読んでいるうちに隣の行に視線が移動してしまい、読

んでいた下の文字を飛ばして読み続けていても、気がつかないので
しょう。

〈図1〉文章を読んだときに、状況モデルの構成を支援し、文章理解につなげる

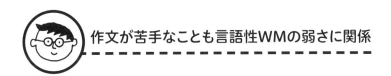

作文が苦手なことも言語性WMの弱さに関係

○担任　なるほど。あおいさんは、作文も苦手ですが、これも、言語性WMの
　　　　弱さと関係しているのでしょうか。

●湯澤　はい。そのとおりです。作文を書くときは、書こうとするテーマを思
　　　　い浮かべながら、それに関する具体的な情報を考え、手で紙に文字を
　　　　書いていきます。例えば、遠足がテーマであれば、バスで出かけたこ
　　　　と、山登りをしたこと、頂上で弁当を食べたことなどを思い浮かべな
　　　　がら、どう書くかを考えて表していくことは、言語性WMの働きです。
　　　　あおいさんの苦手とするところです。

○担任　あおいさんは、国語に比べて、算数は得意なほうですが、計算の間違いが多く、数について基本的な内容が理解できていないのではないかと心配になります。この問題の間違い〈**図2**〉も、言語性WMの弱さと関係していますか。

●**湯澤**　この計算の結果だけを見ると、数の桁の概念を理解していないように思われますが、17＋4のような繰り上がりのある加算ができています。また、あおいさんは、算数は比較的得意とのお話なので、あおいさんの、視空間的短期記憶や視空間性WMは、年齢相応であると思われます。算数の加減算の学習は、言語性WMよりも、視空間的短期記憶や視空間性WMに支えられています。

　あおいさんがＡＤＨＤの診断を受けていることや、物事に取り組む様子のお話なども踏まえると、このような計算の間違いは、あおいさんの不注意な特性から生じていると考えることが妥当であるようです。

　先ほどの計算間違いの例は、2桁の数を筆算に書き換えるときに、数の桁を正確にそろえていないことから生じています。問題では横書きの計算式を、自分で縦の筆算に換えて紙に書くとき、縦の線をイメージしながら、桁をそろえて書く必要があります。

　桁を正確にそろえないと、1桁目の数と2桁目の数を加えるといった間違いが生じますが、このような間違いをする子どもは2タイプいます。①視空間的短期記憶や視空間性WMが弱く、縦の線をイメージできない子ども、②2個の数字の位置をそろえて書くことができず、対応関係が混乱する子ども、です。あおいさんの場合は、②のタイプに該当すると思われます。

問題

$17+46=?$

$$
\begin{array}{r}
1\ 7 \\
+\quad 4\ 6 \\
\hline
2\ 1\ 6
\end{array}
$$

答え

$17+46=216$

〈図2〉

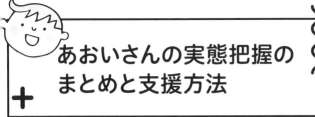

あおいさんの実態把握のまとめと支援方法

　あおいさんの文章読解の問題は、ＡＤＨＤの特性としての不注意、および言語性WMの弱さの２つの原因があるようである。

　ＡＤＨＤの特性のある子どもは、注意を必要なところに向けることに苦手さがある。また、思考の柔軟な切り替えも苦手なので、一般に、記憶と処理を同時に行い、それらの２つの活動の間で注意を柔軟に切り替えるWMの働きが弱くなる。

　あおいさんの場合、それが特に言語性WMの働きに影響を与えている。２つの原因のうち、不注意が主因であり、不注意が改善すると、言語性WMの発達も促されると思わる。

●注意を向けやすくするための工夫

　あおいさんが文章を目で追うための支援方法としては、視線の動きの制御を補助する単純な道具として、〈図３〉のような短冊状のカードを用意することがあげられる。子どもが文章を読むときに、読んでいない行をカードで隠し、読んでいる行に応じて、カードを手で１行ずつずらしていくようにする。同時に、片手の指で視線を向けている箇所を示す。

　文の個々の文字に注意を向けやすくするという同様の目的で、パソコン

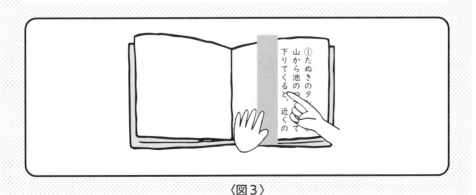

〈図３〉

やタブレット上でハイライト表示を利用できるソフトウェアもあるので、それを用いてもよいだろう。

　また、算数の計算（筆算）では、〈**図4**〉のように、桁をそろえやすいように、縦の線を引いて、計算を行うようにする。

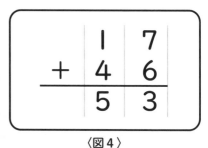

〈図4〉

●思考を切り替えやすくするための工夫

　次に、言語性WMの弱さの支援である。あおいさんは、読みながら、同時に考えることが苦手である。そこで、2つのことを同時に行うのではなく、1つのことを順番に考えさせる。文を1文ずつ読みながら、質問し、イメージを膨らませる。例えば、先ほどの文章では、読んだあと、次のような質問を行い、考えさせる。

・「タンタン」はなんですか。
・「池のつつみ」はどんな様子ですか（何がありますか）。
・「稲穂」になぜ「雨粒」があるのですか。

　このような質問をすることで、文章理解の目標である〈**図1**〉のような状況モデルの構成を支援する。

あおいさんのワーキングメモリプロフィール

Game	内容	スコア	標準スコア
1	数を覚えましょう	27	−0.29
2	線の位置を覚えましょう	17	0.28
3	動物の大きさを比べながら、言葉を覚えましょう	7	−1.08
4	線の位置を覚えながら、長さを比べましょう	10	−0.20
5	言葉を覚えましょう	18	−0.39
6	図形を覚えましょう	14	−0.01
7	逆の順番で数字を覚えましょう	10	−0.91
8	図形を覚えながら、回転しましょう	8	−0.53

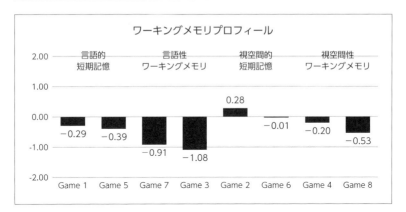

構成要素	Game	学習面での特徴	標準スコア
言語的短期記憶	1.5	音（言葉）を聞く・しゃべる学習	−0.33
言語性ワーキングメモリ	3.7	音（言葉）を聞きながら、考える学習	−1.20
視空間的短期記憶	2.6	物を見る・メージする学習	0.14
視空間性ワーキングメモリ	4.8	物を見たり、イメージしながら、考える学習	−0.41
総合得点：学ぶ力			−0.64

＊ あおいさんの場合は、言語性 WM の弱さが示されている。

あおいさん

つまずき分析チェックからわかること

つまずき分析チェック表（基本版）

テーマ	チェック項目	A	B	C	D	E	F
記入例	チェック項目内容　※該当する場合はチェック		✓			✓	✓
	チェック項目内容　※該当しない場合は打ち消し線						
ア.口頭表現	1. 言い間違い、言い忘れをする。						
	2. 新しい言葉を覚えにくい。						
	3. 一方的に話す。						
イ.読み	4. かな文字を読み間違える、読めない。	✓	✓				
	5. 漢字を読み間違える、読めない。	✓	✓	✓	✓		
	6. 文を読むのが苦手である。	✓	✓	✓			
	7. 文章を理解するのが苦手である。	✓	✓	✓	✓		
ウ.書き	8. かな文字を書くのが苦手である。	✓				✓	
	9. 漢字の書きを間違える・書けない。	✓	✓	✓	✓	✓	
	10. 作文ができない。	✓	✓	✓	✓	✓	
エ.算数	11. ものを正しく数えられない。						
	12. 数の大きさや桁の意味がわからない。						
	13. たし算やひき算が難しい、時間がかかる。						
	14. 筆算で間違う。						
	15. 九九を覚えにくい。						
	16. 算数の用語を覚えにくい。						
	17. 文章題ができない。	✓	✓	✓			
	18. 時計の問題が苦手である。						
	19. 図形の問題が苦手である。						
	20. 小数、分数などの算数の概念がわかっていない。	✓	✓				
オ.授業態度	21. 教師の指示どおりにできない。	✓		✓			✓
	22. 授業中、集中して学習ができない。	✓					
	23. 姿勢正しく椅子に座っていることができない。						
	24. 黒板をノートに写すのが遅い。	✓		✓		✓	
カ.生活	25. 忘れ物が多い。		✓	✓	✓		✓
	26. 整理整頓ができない。		✓	✓			✓
	27. 友だちとのトラブルが多い。						
	28. 約束や時間を守れない。			✓	✓		✓
	29. 感覚過敏がある。						
	30. 視覚のゆがみがある。						
	31. 手先が不器用である。						
	32. 運動が苦手である。						
	割合	75%	58%	74%	62%	40%	88%
	合計点	12/16	11/19	14/19	8/13	4/10	7/8

このつまずき分析チェック表およびグラフは、学級担任があおいさんの様子をチェックしました。ワーキングメモリの様子だけでなく、授業態度や生活など、学習につまずく要因全体をチェックします。

つまずき分析チェックグラフ

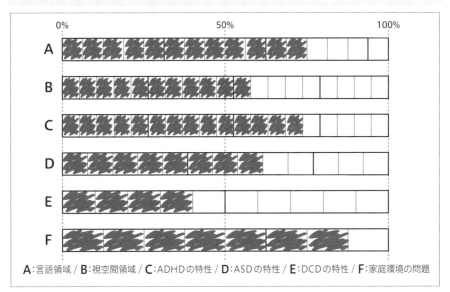

A：言語領域 / B：視空間領域 / C：ADHDの特性 / D：ASDの特性 / E：DCDの特性 / F：家庭環境の問題

　あおいさんは、読み書きが苦手で、文章の意味を理解できず、国語の問題に正しく答えることができません。そのため、イ.読みの4、5、6、7、ウ.書きの8、9、10にチェックが付きます。他方、エ.算数は、得意ですが、計算や文章題の間違いが多いため、17、20にチェックが付きます。そのため、言語WMが原因である割合が相対的に高くなっています。あおいさんのワーキングメモリプロフィールと一致しています。他方、あおいさんは、授業態度の21、22にチェックが付きます。また、カ.生活に関して、25、26、28にチェックが付きます。そのため、WMの要因以上に、ADHD特性と家庭環境の要因の影響が疑われます。ゆいさんの家庭環境に問題がない場合、ゆいさんの支援を考えるうえで、言語WMの弱さに加えて、ADHDの特性の要因が影響している可能性も考慮する必要があります。

ゆいさんのケース②

算数が苦手

▶▶▶

書字が苦手なゆいさん（P. 54）について、算数に関しても、小学校通常学級担任からの質問を受け、つまずきの背景と支援方法を考えていく。

担任

　ゆいさんは、2年生（8歳）ですが、簡単なたし算やひき算でもとても時間がかかり、しばしば手指を使います（❶）。また、テストを見ると、問題をやり忘れていても、気がついていないようです。問われていることもちゃんと読まず、思い込みで答えています（❷）。

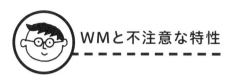

WMと不注意な特性

●**湯澤** 前回（P. 54）は、ゆいさんの書字についてお話をしましたが、音読などの読みや語彙で気になることはありませんか。

○**担任** 音読はすらすらできますし、語彙も豊富です（❸）。

●**湯澤** 授業中の様子は、どうでしょうか。

○**担任** 立ち歩くことはありませんが、なんとなく落ち着きがありません。勝手に発言することもありますし、話を聞いていないようで、質問に対して的外れな答えをするときもあります（❹）。

●**湯澤** 指示がとおりにくいということでしょうか。

○**担任** そうです。忘れ物も多いですし、不要になったプリントなども机の中に入れっぱなしで、整理整頓が苦手な印象です（❺）。

●**湯澤** クラスの友だちとの関係はどうですか。

○**担任** 男子と遊ぶことも多く、楽しく遊びを引っ張っていきます。しかし、相手の話を聞かず、自分が興味のあることを一方的に話すところがあり、いつも決まった女友だちといるわけではありません（❻）。

●**湯澤** なるほど。ゆいさんの学習の問題の原因は、WMと不注意な特性の2つがあるようです。ここでは、算数の問題に焦点を当て、その原因を考えていきましょう。

○**担任** よろしくお願いします。

つまずきの原因は視空間的短期記憶と視空間性WM

●**湯澤** わかりました。まず、幼児期や低学年の子どもの計算は、数のイメージによってなされています。つまり、イメージを一時的に記憶しておく視空間的短期記憶と、それをもとに頭の中で操作する視空間性WM

の働きに深く関わっています。

　そのため、それらの力が弱いと、例えば、5 + 3 = 8の意味を理解することができず、その事実を覚えられません。ゆいさんは、数のイメージを補おうとして手指を使っているのでしょう。ゆいさんの計算のつまずきの原因は、視空間的短期記憶と視空間性WMの弱さと考えられます。

○担任　数や計算とWMは関わりが深いのですね。

●**湯澤**　そうです。成人は、1〜3個の事物は、数えなくても、パッと見て、何個あるか判断できます。しかし、4個より多くあると、パッと見ておおよその数はわかっても、正確に何個あるかは判断できません。数える必要があります。例えば、目の前にバナナが5個とりんごが3個

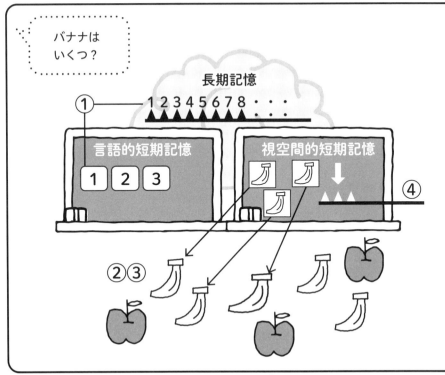

〈図1〉「バナナはいくつ？」と聞かれ、1、2、3とバナナの数を数えているときの
　　　頭の中の様子

あるとき、「バナナはいくつ？」と尋ねられたとき、頭の中で〈図1〉のような記憶と操作を行います。

　子どもは、たいてい「いち、に、さん…」の音の系列の知識はしっかりともっているので、①に認知的な負荷はかかりません。認知的な負荷がかかるのは、②③④です。つまり、視空間的短期記憶に負荷がかかります。①から④をうまくできると、数え終えた最後の数（5）がバナナの個数だとわかります。

○担任　数えるだけで、かなり頭を使っているのですね。

●湯澤　はい。たし算では、もっと複雑です。例えば、「バナナとりんごは合わせていくつ？」という問いでは、バナナを数えて5、りんごを数えて3で、合わせていつくかを考えます。子どもは、5は片手の指の数

①数の音声系列を順番に長期記憶から想起し、今、まさに数えている数の音を言語的短期記憶に保持する。

②二重に数えないように、数え終えたバナナの位置を視空間的短期記憶に覚えておく。

③数える対象（バナナ）とは関係のない対象（リンゴ）を無視する。

④今の数に対応する量のイメージを視空間的短期記憶に思い浮かべる。

なのですぐにイメージできます。そのイメージに、もう一方の手の指を1本、2本、3本と加えていきます。

　ここで、留意すべき点は、バナナとりんごは異なるものだということと、一方で、数では、同じ1と表されることです。頭の中に知識として定着している長期記憶には、数の内的数直線があるといわれていますが、それは、対象の違いがあるにもかかわらず、対象の数という共通の特性を取り出した抽象的なものです。バナナやリンゴのイメージではありません。子どもは、その抽象的な量を視空間的短期記憶にイメージする必要があります。そして、〈**図2**〉の視空間的短期記憶の部分に示したように、「5はこれくらいで、それに、3を合わせると、これくらいだ。これは、8だ」と、8を内的な数直線上の該当箇所と対応づけて答えます。

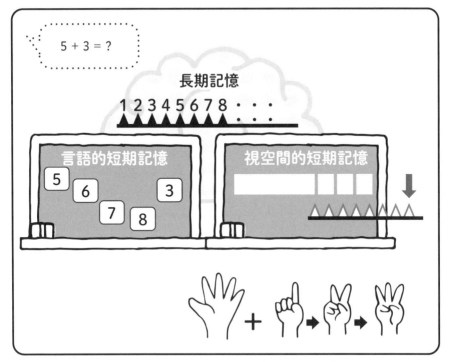

〈図2〉5＋3を問われ、「5にたして、6、7、8」と数え足しで考えている
　　　頭の中の様子

イメージを操作する視空間性WMが弱いと、こうした一連の操作ができません。『ろく、しち…』と数える間に、5のイメージを忘れてしまいます。従って、ゆいさんが、たし算やひき算をするときに時間がかかるのは、視空間的短期記憶や視空間性WMの弱さによるものであり、それらを補うためにゆいさんなりに工夫して手指を使っていると考えられます。

○担任　手指を使うことは、あまりよくないのかと思っていました。

●湯澤　いいえ。手指が理解を助け、役立っています。手指でもブロックでも構いません。ゆいさんが、5＋3が8になることをイメージ上で納得できれば、その知識は長期記憶へ移行します。いったん知識として獲得すれば、手指を使う必要がなくなり、自然と使わなくなるはずです。

 ## 今後、形をうまく描けないなどが予想される

○担任　視空間的短期記憶や視空間性WMが弱いと、今後、算数でどのようなつまずきにつながりやすいのでしょうか。

●湯澤　三角形や四角形をうまく描けないなどが予想されます。

○担任　形のイメージができないということでしょうか。

●湯澤　はい。もちろん、不器用さなどほかの要因で、それらを描くことが苦手という場合もありますが、WMのつながりでいえば、例えば、線を引くとき、どこからどこまでと、視空間的短期記憶に線の位置のイメージを記憶して、それを目標に、定規を用いて描く必要があります。また、視空間的短期記憶が弱いと、線を引こうと定規を操作するうちに、目標である線の位置を忘れてしまいます。

○担任　テスト問題のやり忘れや読み間違いも、同様の要因なのでしょうか。

●湯澤　いいえ。先生のお話のように、ゆいさんのテストでの間違いが、問題をよく読まず、思い込みで解答するために生じているとすると、不注意の特性によるものと考えられます。

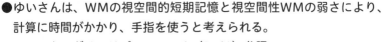

ゆいさんの実態把握の まとめと支援方法

- ●ゆいさんは、WMの視空間的短期記憶と視空間性WMの弱さにより、計算に時間がかかり、手指を使うと考えられる。
  ※ワーキングメモリプロフィール（P.61）参照。
- ●ゆいさんは、計算の基盤となる数の基礎的な概念（基数性）の習得に遅れがあるようである。

  まずは、10より小さい数が、10に対してどのくらいの量であるのか、イメージをするような練習を行う。〈図3〉〈図4〉のようなプリントを用意し、10までの数のイメージができるようになったら、100までの数という具合に、次第に大きい数を取り扱うとよい。

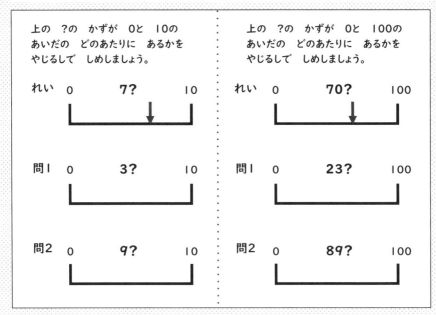

〈図3〉量のイメージをするプリントの例

① 下のAの例のように、左右の枠にまず、10までの具体物の絵、次に、図形の絵を描きます。
② 子どもは、左右の枠の中のモノの数が大きい方に〇を付けます。
③ 10までの数での練習の次に、下のBの例のように、ほぼ1対2の割合で数の異なる具体物の絵、図形の絵を枠の中に描きます。
④ 子どもは、左右の枠の中のモノの数が大きい方に〇を付けます。

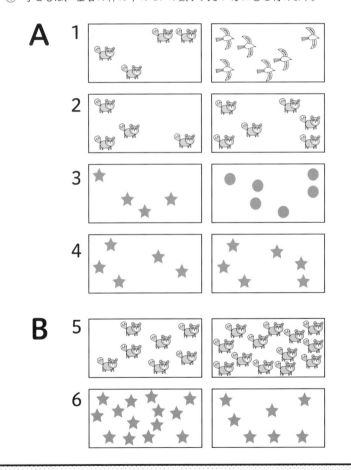

〈図4〉

算数

ふうかさんのケース

算数が苦手

算数の学習に困難を示す児童について、小学校の通常学級担任に様子を聞きながら、支援方法を考えていく。

担任

　ふうかさんは、3年生（8歳）の女児です。国語の成績は平均的で、読み書きに問題はありません（❶）。ところが、1年生から算数が苦手です。1桁のたし算やひき算の答えは覚えているのですが、実際の問題では指を使いながら答えを出すので、時間がかかります。そして、くり上がりや、くり下がりで間違えます（❷）。一緒に確認しながらやるとできるのですが、自力では難しく、習得が不十分です。

「さくらんぼ計算」ができない

● 湯澤　くり上がりやくり下がりでは、どんな間違いをしま
　　　　すか。

○ 担任　6 + 7 = 67などです。

● 湯澤　いわゆる「さくらんぼ計算」ができないのですね。

$$6 + 7 =$$

○ 担任　はい。7 の下に 2 つの○を描き、最初の○に何が入
　　　　るのかを聞いても、すぐにはわからないようです。そこで、6 にいく
　　　　つ足すと10になるかを聞くと、両手指を立てて、『7、8、9、10、
　　　　だから 4 かな』という様子です。1 つ目の○に 4 を記入させ、2 つ目
　　　　の○に何が入るのか尋ねても答えられず、4 にいくつ足すと 7 になる
　　　　かと聞かないと、答えを出すことができません。たし算やひき算の筆
　　　　算も、くり上がりやくり下がりのある場合、正しくできません。

● 湯澤　かけ算はどうですか。

○ 担任　覚えられている段も多いのですが、6 の段からあやふやになります
　　　　（❸）。言えずに、泣いてしまうこともあります。

● 湯澤　計算以外に、算数に関してどんな問題が気になりますか。

○ 担任　時計に関して、○分前、○時間後などの問題に答えることができませ
　　　　ん（❹）。

● 湯澤　なるほど。算数の苦手な子は、視空間的短期記憶や視空間性ワーキン
　　　　グメモリが弱いことが多いのですが、その場合、漢字の書きも苦手に
　　　　なります。ふうかさんの場合はどうですか。

○ 担任　最初にお話ししましたが、読み書きに問題はないようです。書いた文
　　　　字が多少、乱雑で、書き間違いもあるようですが、ほかの児童にもよ
　　　　く見られるので、それほど気になりません。

● 湯澤　手先や身体の動きはどうでしょうか。

○ 担任　図工の授業で製作に問題はありませんが、音楽で楽器を扱うことは苦
　　　　手のようです。体育では身体の動きに問題は見られません。

●**湯澤** 授業態度はどうですか。

○担任 おとなしく、目立たない存在です。授業中、あまり挙手をしませんが、指名すると、国語の時間などでは、質問に対して適切に答えることができます。算数は嫌いなようで、最近は、算数の授業のある日に欠席することがしばしばあります。

●**湯澤** 友人関係はいかがですか。

○担任 トラブルを起こすことはありませんが、ネガティブな言葉にすぐ泣いてしまうなど、不安定なところがあります。

●**湯澤** 何か原因となることは考えられますか。

○担任 はっきりとはわかりませんが、家庭に何か事情があるようです。保護者から聞く家庭の様子が学校での態度と大きく異なるのです。家庭では、保護者に反抗的で、粗暴な言い方をするとのことです。

数と量を直感的に対応づける力が十分育ってない

●**湯澤** なるほど。様子がわかりました。ふうかさんの算数の問題の原因と支援方法について、順番に説明していきましょう。

○担任 よろしくお願いします。

●**湯澤** ❶の特徴から、ふうかさんは、文字や文を読み、その音声を記憶しながら、考える力があります。つまり、言語的短期記憶や言語性WMは、年齢相応またはそれ以上であるようです。

　他方で、❷の特徴から、視空間的短期記憶や視空間性WMの弱さが伺えますが、漢字の書きに問題はないことから、視空間的短期記憶や視空間性WMの弱さは文字の書きを制約するほどではないと考えられます。

　幼児期や低学年の子どもの計算は、イメージによってなされます（P.96参照）。たいていの子どもは、7歳ごろまでに数量の基本的な概念を身につけ、数の言葉と数量を対応づけます。例えば、5は●●

●●●くらい、8は●●●●●●●●くらい、16は●●……●●くらいという感覚です。ここで数量の「●……●」はイメージであり、おおよその量です。ここでは●で表現していますが、指で表現することも、直線で表現することもできます。そして、1年生の終わりまでには、ほとんどの子どもは、1桁の加算の情報（例えば、4＋5＝9）を長期記憶に蓄えます。ふうかさんも、1桁の加算の情報を長期記憶に獲得しているようです。そして、4＋5＝9の計算をするとき、視空間性WMで●●●●と●●●●●を加えた●●●●●●●●●のイメージと、長期記憶から思い出した数の音声9に対応するイメージ（●●●●●●●●●くらい）が対応していれば、自信をもって問題に答えられるはずです。ところが、ふうかさんは、視空間性WMでのイメージの操作、または9に対応するイメージの想起が正確かつ、すばやくできず、自信がないので、今でも指を補助的に用いて、確かめていると考えられます。

現在のふうかさんの課題は、10以上の数を10のまとまりで操作し、認識することです。10は両手の指の数であり、まとまりとして認識しやすく、「6にいくつ加えると10になるか」などが判断しやすい量です。6＋7（●●●●●●＋●●●●●●●）の計算では、6（●●●●●●）＋4（●●●●）＋3（●●●）として、10（●●●●●●●●●●）＋3（●●●）＝13とします。ここでの認知的な負荷は、●の量（イメージ）を覚えながら、操作することと、数（音声）と●の量（イメージ）を対応づけることです。ふうかさんにとって、4＋3＝7などの1桁の加算の情報は長期記憶にあり、できますが、10などの数を●の量と対応づけることが難しいようです〈図1〉。

ふうかさんは、漢字の書きに問題はなく、イメージの操作の難しさは、数の領域に特異的に生じています。数量概念の発達は、視空間的短期記憶や視空間性WMに依拠しながらも、日常生活での数に関する経験によって促されます。日常生活での数に関する経験が不足すると、それぞれの数（音声）に対してどのくらいの量（イメージ）が対応するのか、直感的に把握しにくくなります。個々の数とおおよその量を直

感的に対応づける能力は、算数の成績と密接に関わっていることがわかっています。ふうかさんは、おそらく家庭のなんらかの事情が原因で、数量に関する経験が不足し、数と量を直感的に対応づける力が十分に育っていないと思われます。もし育っていれば、6 + 7 ＝67のような間違いはしません。6の量（●●●●●●くらい）と7の量（●●●●●●●くらい）を合わせて67（●●…………●●くらい）になるはずがないとすぐにわかるからです。

時計に関する理解の困難さ（❹）も、ふうかさんが12や60のまとまりを認識したり、操作したりすることが難しいことに原因があるでしょう。

〈図1〉10以上の数を10のまとまりで操作して認識する

ふうかさんの実態把握の まとめと支援方法

　ふうかさんの算数の問題は、視空間的短期記憶と視空間性WMの弱さに加え、数と量を直感的に対応づけ、概数を把握する力が十分に発達していないことに起因するようである。この力は、ＡＮＳ（Approximate Number System）と呼ばれ、近年注目され、研究が進んでいる。ＡＮＳは、乳幼児期に発達し、就学後の算数の学習成績と密接に関連することがわかっている。

　例をあげて説明しよう。1、2……という数（音声）は、事物の属性であり、抽象的である。リンゴ4個、4分の1に切ったリンゴ片4個、太鼓の4拍は、いずれも4である。りんご6個とりんご12個は同じく「たくさん」であるが、数が違うことを子どもはＡＮＳによって理解する。こうして、子どもは、個々の数に相対する量があることを認識し、数の意味（基数性）を理解する。しかし、ＡＮＳの発達が不十分だと、10といった数に対しておおよそのイメージがもちにくい。そのため、6に4を加えると10になることがわからない。

　ふうかさんは、10のイメージはもちにくいが、その半分の5のイメージはもちやすい。両手（片手2つ）よりも片手1つをイメージするほうが、認知負荷が少ないからである。そこで、5のまとまりで計算すると理解しやすい。例えば、6＋7に対して、（5＋1）＋（5＋2）とし、5と5、1と2をまとめて10＋3＝13とする。

　同時に、ふうかさんは、ＡＮＳに基づいた数量概念の発達が不十分である。そのため、数量概念の発達を促すには、例えば、10より小さい数が10に対してどのくらいの量であるのか、イメージをするような練習（P. 100、101参照）や〈**図2**〉のような課題を行う。

上の　左の□と　右の□を　あわせると　いくつになりますか。
れいのように、あわせた　かずのところで　下の　□に　せんを　ひきます。

れい	□□□□　　□□□	□□□　　　　　　4
	□□□□□□□｜□□□	□□□□□□｜□□□
1	□□□　　　□□	□□□□　　　　　3
	□□□□□□□□□	□□□□□□□□□
2	□□□□　　□□	2　　　　　　□
	□□□□□□□□□	□□□□□□□□□

〈図2〉数量概念のトレーニング

ふうかさんのワーキングメモリプロフィール

Game	内容	スコア	標準スコア
1	数を覚えましょう	30	0.53
2	線の位置を覚えましょう	12	−0.36
3	動物の大きさを比べながら、言葉を覚えましょう	12	0.21
4	線の位置を覚えながら、長さを比べましょう	7	−0.68
5	言葉を覚えましょう	19	0.11
6	図形を覚えましょう	10	−0.35
7	逆の順番で数字を覚えましょう	15	0.18
8	図形を覚えながら、回転しましょう	8	−0.28

構成要素	Game	学習面での特徴	標準スコア
言語的短期記憶	1.5	音（言葉）を聞く・しゃべる学習	0.40
言語性ワーキングメモリ	3.7	音（言葉）を聞きながら、考える学習	0.24
視空間的短期記憶	2.6	物を見る・メージする学習	−0.43
視空間性ワーキングメモリ	4.8	物を見たり、イメージしながら、考える学習	−0.58
	総合得点：学ぶ力		−0.10

＊ ふうかさんの場合は、視空間領域の弱さが示されている。

ふうかさん

つまずき分析チェックからわかること

つまずき分析チェック表（基本版）

テーマ	チェック項目	A	B	C	D	E	F
記入例	チェック項目内容　※該当する場合はチェック		✓			✓	✓
	チェック項目内容　※該当しない場合は打ち消し線	~~~~	~~~~	~~~~	~~~~	~~~~	~~~~
ア．口頭表現	1. 言い間違い、言い忘れをする。						
	2. 新しい言葉を覚えにくい。						
	3. 一方的に話す。						
イ．読み	4. かな文字を読み間違える、読めない。						
	5. 漢字を読み間違える、読めない。						
	6. 文を読むのが苦手である。						
	7. 文章を理解するのが苦手である。						
ウ．書き	8. かな文字を書くのが苦手である。						
	9. 漢字の書きを間違える・書けない。						
	10. 作文ができない。						
エ．算数	11. ものを正しく数えられない。		✓	✓		✓	
	12. 数の大きさや桁の意味がわからない。		✓				
	13. たし算やひき算が難しい、時間がかかる。		✓			✓	
	14. 筆算で間違う。		✓				
	15. 九九を覚えにくい。						
	16. 算数の用語を覚えにくい。						
	17. 文章題ができない。	✓	✓	✓			
	18. 時計の問題が苦手である。		✓				
	19. 図形の問題が苦手である。		✓				
	20. 小数、分数などの算数の概念がわかっていない。	✓	✓				
オ．授業態度	21. 教師の指示どおりにできない。						
	22. 授業中、集中して学習ができない。						
	23. 姿勢正しく椅子に座っていることができない。						
	24. 黒板をノートに写すのが遅い。						
カ．生活	25. 忘れ物が多い。						
	26. 整理整頓ができない。						
	27. 友だちとのトラブルが多い。						
	28. 約束や時間を守れない。						
	29. 感覚過敏がある。						
	30. 視覚のゆがみがある。						
	31. 手先が不器用である。						
	32. 運動が苦手である。						
	割合	13%	42%	11%	0%	20%	0%
	合計点	2/16	8/19	2/19	0/13	2/10	0/8

このつまずき分析チェック表およびグラフは、学級担任がふうかさんの様子を
チェックしました。ワーキングメモリの様子だけでなく、授業態度や生活など、学
習につまずく要因全体をチェックします。

つまずき分析チェックグラフ

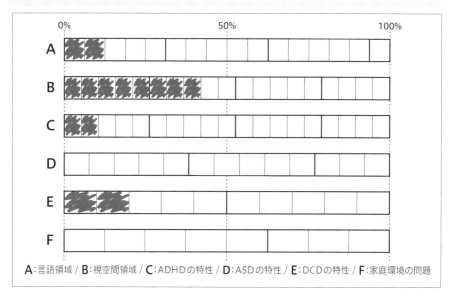

A：言語領域 / B：視空間領域 / C：ADHDの特性 / D：ASDの特性 / E：DCDの特性 / F：家庭環境の問題

　　ふうかさんのつまずき分析チェックでは、ふうかさんは、読み書
きに問題はないので、イ.読み、ウ.書きにチェックは付きません。
他方、算数が苦手なため、エ.算数には15、16以外、11から20ま
でチェックが付きます。そのため、読み書きに関連する言語WMよ
りも、算数に関連する視空間WMが原因である割合が相対的に高
くなっています。ふうかさんのワーキングメモリプロフィールと一
致しています。他方、ふうかさんは、オ.授業態度やカ.生活に関して、
特に問題はなく、チェックが付きません。そのため、WMの要因以
外に、ASDの特性、ADHDの特性、家庭環境のいずれの要因の影
響はあまり考えられません。ふうかさんの算数の問題は、数の認識
システムの機能の未発達に起因すると考えられるので、このような
結果になっているようです。言葉と同様、数を認識する生得的なシ
ステムの発達は、適切な経験とWMに支えられているのため、ふう
かさんの幼児期に数に関する経験が乏しかったのかもしれません。

がくさんのケース

学力が低下

全般に落ち着きがなく、学習に遅れを示す児童のケースを取り上げる。小学校通常学級担任から児童について聞きながら、支援方法を考えていく。

担任

　がくさんは、現在、6年生（12歳）の男児です。私は、5年生のときから担任をしています。もともと成績はクラスの中でもよく、特に算数が得意でしたが、6年生になり、算数も含めて教科全般的に成績が急に悪くなりました（❶）。授業中、落ち着きがなく、ぼんやりしていて、話を聞いていない様子です。そのため、指示どおりに活動することが難しく、指名時にうまく答えられません。忘れ物が多く、宿題もやってこないことがよくあります（❷）。発達障害のうち、注意欠如・多動症なのではないかと、私は考えています。

ぼんやりして授業を聞いていない

●**湯澤** 注意欠如・多動症は、その児童の特性なので、6年生になってから、病気のように罹患（りかん）するということはありません。

○担任 そうなのですか。

●**湯澤** 5年生のときは、どのような授業態度でしたか。

○担任 昨年度の彼は、授業中にぼんやりしているということはなく、しばしば挙手して発言もしていました。6年生の2学期になり、授業態度や成績に変化が生じたので、驚いています。

●**湯澤** 友だちとの関係はどうでしょうか。

○担任 保育園のときから一緒の友だちグループがあり、放課後は、近くの公園で遊んでいるようです。みんな学校の近所に住んでいて、お互いの自宅に自転車で行き来しているようです。

●**湯澤** 休み時間などは、友だちと何をしていますか。

○担任 最近は、カードゲームがはやっていて、その話題で盛り上がっているようです。また、学校に持ってくるのは禁止ですが、ゲームについての話もよくしているようです。

●**湯澤** 授業中の様子をもう少し具体的に教えてください。

○担任 先日の国語の授業のことです。座席順に、クラスの子どもに、教科書の文章を一段落ずつ音読させていました。前の子どもが音読しているとき、次が自分の番であるとわかるはずですが、彼は自分の番になってから、きょろきょろし始めました。文を目で追っていなかったようで、どこから読むのかわからず、隣の席の子に教えてもらって読み始めましたが、読み間違えたり読み飛ばしたりしていました。

●**湯澤** なるほど。ぼんやりしていて、授業を聞いていなかったのでしょうね。でも、もともとそうでなかったとしたら、夏休み以降に、家庭で何か問題が生じたのかもしれません。保護者に聞いてみるのがよいようです。

○担任　わかりました。

夜遅くまでスマホゲームをやり続ける

〈数日後〉

○担任　事情がわかりました。がくさんは、夏休み明けから、朝、なかなか起きられなくなり、時間ぎりぎりに起き、朝食を食べずに学校に来るそうです。夜には、眠いから早く寝ると言って自分の部屋に戻るのですが、朝は、やはり起きられません。ある晩、姉が彼のベッドを覗き込むと、暗い中、スマホでゲームをしていたそうです。翌日、保護者が本人を問い詰め、彼のベッドのマットレスの下からスマホが見つかりました。

　保護者は、ゲームやメディアの悪影響を心配しており、それまでゲームやスマホを買い与えることは一切していなかったとのことです。がくさんは、夏休みに友だちの家でスマホを借り、Wi-Fiにつなげてゲームをしていたとき、自宅でも同様にしてゲームができると気づいたそうです。友だちから古いスマホを借りてきて、自分の部屋で最初は短時間、ゲームをしていたものの、次第に、夜遅くまでやり続けるようになったそうです。朝、眠くて起きられないはずです。保護者は、がくさんにスマホを友だちに返すように言いましたが、がくさんは、返却したとうそをつき、いまだに解決していないようです。

子どもたちで話し合ってルールを決めよう

●湯澤　なるほど。がくさんの問題の原因と支援方法について、順番に説明していきましょう。

○担任　よろしくお願いします。

●湯澤　がくさんは、もともと成績はよかったとのお話なので（❶）、ワーキングメモリの能力は年齢平均以上であると思われます。ワーキングメモリの能力はすぐに上がったり、下がったりはしません。しかし、情報を覚えながら、考えるというワーキングメモリの働きは、そのときの心身の状態に大きく影響を受けます。睡眠不足で授業中に眠くなると、眠るのを我慢するためにワーキングメモリのリソースを使います。これは、空腹などでも同じことが起こります。すると、本来、教師や友だちの発言を聞き、教材を読み、理解するために使用すべきワーキングメモリが不足します。そのため、授業中、集中できず、ぼんやりして話を聞けなくなってしまいます（❷）。

　　ここまでが、がくさんの問題の原因についてです。次に、その対策ですが、スマホやゲームなどの問題は、がくさんやその家族に限ったことではありませんよね。今の子どもが全般に抱えている問題ですから、きっと学校や学級でも、家庭でのＩＣＴの利用などについて指導をされていると思われますが、いかがですか？。

○担任　はい。うちの学校では学期ごとに１回、利用のルールを各クラスで確認することにしています。

●湯澤　それはいいですね。長期休暇のあと、つまり学期や学年が変わるときには、その前後でがくさんと同様の様子の子がいないか、注意して見守る必要があります。気になる子がいた場合は、学期初めは特にお忙しいと思いますが、なるべく早く家庭から聞き取りなどを行うとよいでしょう。そのうえで、クラス単位などで話し合う機会を設け、学校からスマホやゲームの利用を禁止するわけではないけれど、１日１時間など、いかに自分でその使用を適切に管理するかということが大切だと、子どもたち自身で気がつけるように支援したいですよね。６年生では、自己制御の力は十分ついているはずですが、それ以上に動画やゲームは刺激的で、依存症状を引き起こすことがあります。子どもたちで話し合ってルールを決め、集団の力で自己制御を促していくとよいでしょう。

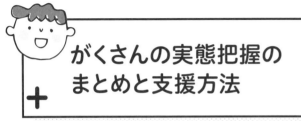

がくさんの実態把握の まとめと支援方法

　がくさんは、もともと成績がよいことから、ワーキングメモリは年齢平均以上であり、特に算数が得意なので（**❶**）、視空間的短期記憶や視空間性WMが強いと思われる。保護者の話を併せると、成績が急に悪くなったことは、ワーキングメモリに原因があるのではなく、「参加」に原因があるようだ（P.7を参照）。がくさんの場合、学習の「参加」を妨げる一時的要因は、家庭での生活態度と考えられる。

　睡眠、食事、運動などの日常的な生活習慣が、ワーキングメモリの働きに影響を及ぼすことがわかっている。がくさんの場合、授業中に眠気や空腹を我慢する「抑制」にワーキングメモリのリソースを使っているため〈図1〉、本来、勉強などに使うワーキングメモリのリソースが不足し、不注意な状態になっている（**❷**）。

〈図1〉睡眠不足や空腹がワーキングメモリの働きを阻害

ゲームをしたり、動画を見たりすること自体は、ワーキングメモリにとって、よくも悪くもない。しかし、それらは刺激が強く、自己制御の弱い子どもは、依存症状を引き起こすことがある。がくさんのように、夜どおしゲームを行うほどになってしまうと、見かけ上、授業中、落ち着きがなく、ぼんやりしていて、注意欠如・多動症と同様の様子を示す。ただ、それは一時的なものであり、生活態度が改善すれば、もとの状態に戻り、成績も回復するはずである。

　おそらく、がくさんの場合、保護者がゲームやスマホを一切禁止していたため、極端な行動になってしまったが、それらに費やす時間を、興味のあるテーマで、例えば読書などの学習に置き換えていければ、ワーキングメモリは発達し、学力もいっそう伸びるはずである。

　また、ゲーム機器やスマホなどのＩＣＴの利用に関して、がくさんに個人的に指導するというより、クラス全体で取り上げ、話し合うとよいだろう。もちろん、がくさんの名前は出さず、架空の子どもＡさんのストーリーとして紹介する。自分がＡさんなら、どういう気持ちで夜中にゲームをしているか、保護者に見つかったとき、どのように感じるのか、どうすればよいと思うのか、それぞれ考え、話し合う。子どもたちは、Ａさんの立場から、ゲーム機器やスマホを一切禁止する保護者に反発する一方で、保護者に内緒でゲームをし、うそをつくＡさんは悪いということにもなるだろう。子どもたちにグループで解決策を考え、提案してもらう。具体的な解決案が出なければ、教師から次のような例を提示する。

・多くの友だちは、家庭で利用できるＩＣＴ機器を持っており、全く利用できないと、友だちとの会話に入りにくいこともある。保護者による考えを尊重しつつ、なんらかの対応をしてもらう。

・ＩＣＴ機器の利用は、テレビなどのメディアの視聴も含めて上限時間を設け、個人でスマホなどを所有する場合、リビングで使い、使わないときは、リビングの定位置に置く。

・日課表を作成し（表１）、学習やスマホを利用する時間など、家庭での

生活時間を自分で記入して管理する。ルールを守り、○の回数が例えば 10 回になったら、ボーナスとして、ＩＣＴ機器を 1 時間余分に利用できるなどのルールを追加で決める。

日	学習・読書	スマホ・テレビ	コメント
ルール	1 時間以上	1 時間以内	○ ✕
3月1日	1:10	1	○
2日	2	2	✕テレビの映画を見たが、その分、読書した
3日	1:30	1	○
4日			

〈表1〉日課表の例

がくさんのワーキングメモリプロフィール

Game	内容	スコア	標準スコア
1	数を覚えましょう	32	0.39
2	線の位置を覚えましょう	24	0.95
3	動物の大きさを比べながら、言葉を覚えましょう	18	0.21
4	線の位置を覚えながら、長さを比べましょう	18	0.85
5	言葉を覚えましょう	21	0.12
6	図形を覚えましょう	23	0.75
7	逆の順番で数字を覚えましょう	23	0.46
8	図形を覚えながら、回転しましょう	18	0.53

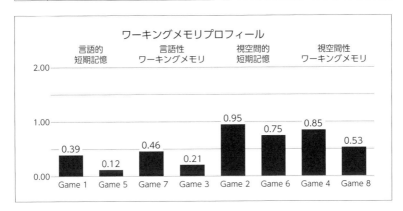

構成要素	Game	学習面での特徴		標準スコア
言語的短期記憶	1.5	音（言葉）を聞く・しゃべる学習		0.28
言語性ワーキングメモリ	3.7	音（言葉）を聞きながら、考える学習		0.39
視空間的短期記憶	2.6	物を見る・メージする学習		1.02
視空間性ワーキングメモリ	4.8	物を見たり、イメージしながら、考える学習		0.80
	総合得点：学ぶ力			0.73

＊ がくさんは、視空間領域の強さが示されている。

がくさん

つまずき分析チェックからわかること

つまずき分析チェック表（基本版）

テーマ	チェック項目	A	B	C	D	E	F
記入例	チェック項目内容　※該当する場合はチェック		✓			✓	✓
	チェック項目内容　※該当しない場合は打ち消し線						
ア．口頭表現	1. 言い間違い、言い忘れをする。						
	2. 新しい言葉を覚えにくい。						
	3. 一方的に話す。						
イ．読み	4. かな文字を読み間違える、読めない。						
	5. 漢字を読み間違える、読めない。						
	6. 文を読むのが苦手である。						
	7. 文章を理解するのが苦手である。						
ウ．書き	8. かな文字を書くのが苦手である。						
	9. 漢字の書きを間違える・書けない。						
	10. 作文ができない。						
エ．算数	11. ものを正しく数えられない。						
	12. 数の大きさや桁の意味がわからない。						
	13. たし算やひき算が難しい、時間がかかる。						
	14. 筆算で間違う。						
	15. 九九を覚えにくい。						
	16. 算数の用語を覚えにくい。						
	17. 文章題ができない。						
	18. 時計の問題が苦手である。						
	19. 図形の問題が苦手である。						
	20. 小数、分数などの算数の概念がわかっていない。						
オ．授業態度	21. 教師の指示どおりにできない。	✓		✓			✓
	22. 授業中、集中して学習ができない。	✓		✓			✓
	23. 姿勢正しく椅子に座っていることができない。			✓	✓	✓	✓
	24. 黒板をノートに写すのが遅い。						
カ．生活	25. 忘れ物が多い。		✓	✓	✓		✓
	26. 整理整頓ができない。		✓	✓	✓		✓
	27. 友だちとのトラブルが多い。						
	28. 約束や時間を守れない。			✓	✓		✓
	29. 感覚過敏がある。						
	30. 視覚のゆがみがある。						
	31. 手先が不器用である。						
	32. 運動が苦手である。						
	割合	13%	11%	32%	31%	10%	75%
	合計点	2／16	2／19	6／19	4／13	1／10	6／8

このつまずき分析チェック表およびグラフは、学級担任ががくさんの様子をチェックしました。ワーキングメモリの様子だけでなく、授業態度や生活など、学習につまずく要因全体をチェックします。

つまずき分析チェックグラフ

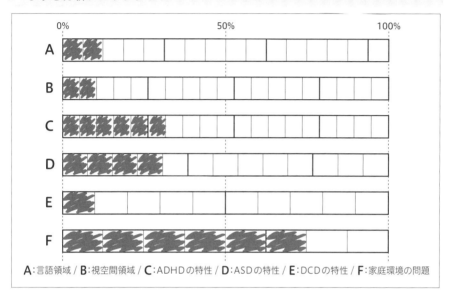

A：言語領域 / B：視空間領域 / C：ADHDの特性 / D：ASDの特性 / E：DCDの特性 / F：家庭環境の問題

　　がくさんのつまずき分析チェックでは、最近、急に成績が落ちたとは言え、もともと国語や算数の学習に問題はなく、イ.読み、ウ.書き、エ.算数のいずれにもチェックは付きません。そのため、がくさんの問題に言語WMや視空間WMの影響の割合はほとんどありません。実際、がくさんのワーキングメモリプロフィールでは、言語的短期記憶、言語性WM、視空間的短期記憶、視空間性WMはいずれも年齢平均よりも高くなっています。がくさんの問題は、オ.授業態度やカ.生活に関してです。オ.授業の21、22、23、カ.生活の25、26、28にチェックが付きます。がくさんの問題に関しては、家庭環境の要因の影響の割合が最も高く、ASDの特性、ADHDの特性の要因の影響も多少見られます。実際、がくさんの問題は、スマートフォンでのゲームや動画の見過ぎによる生活習慣の乱れに起因しています。そのため、家庭での生活環境を整えることが支援の第一歩です。

自分たちでやってみよう！ つまずき分析

発見1
学習困難の理由

つまずき分析
チェック表

いつもは…

　学習につまずいている要因は、複雑に絡み合っているのがフツウです。学習場面や生活場面など、子どもの普段の姿を思い浮かべ、**「つまずき分析チェック表」**に✓をしていきます。WMの弱さ、ＡＤＨＤの傾向、ＡＳＤの傾向、ＤＣＤの傾向、家庭環境の問題に振り分けて、学習のつまずきに影響しているものを把握します。

　WMについては、言語領域と視空間領域に分けてどちらの力が強いかを確認します。

詳しいチェックのしかたは P124

発見2
自分に合う学習方法

学習方法
シート

やり方はどう？

自分ってこんなタイプかも

　「つまずき分析チェック表」をもとにし、**「学習方法シート」**に子どもの強み、弱みをグラフで示します。そして、どんな学習場面で、どんなことに困っているのか、それにはどうしたらよいのか、どうしたいのかなどを、子ども本人、保護者、ほかの支援者などと話し合いながら、ニーズや手立てを考え、取り組む優先順位をつけていきます。手立てを考える際には、WM の言語領域、視空間領域のそれぞれの力のバランスをみて、強い力を生かし、弱い力は補うようにします。

詳しいチェックのしかたは P124

発見3
できる！自分

これならできる！

「学習方法シート」に従い、学習環境を整え、学習を進めていきます。「これなら自分で進められる」「こうしたらやりやすい」という進め方ややり方を見つけ、アップデートしていきます。自己理解を深め、他者への適切な支援の求め方も身につけていきます。

つまずき分析チェック表の
タイプ結果

Aタイプ	言語領域
Bタイプ	視空間領域
Cタイプ	ADHDの特性
Dタイプ	ASDの特性
Eタイプ	DCDの特性
Fタイプ	家庭環境の問題

つまずき分析チェック表

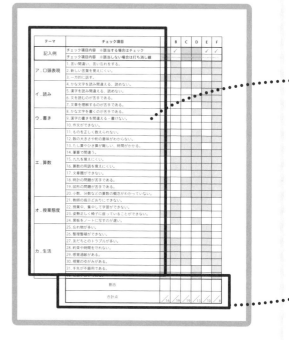

基本版

シート **a**

32項目を✓

シート **c** 詳しい版

基本版では✓するのが難しいような場合に、使用します。子ども・保護者に✓してもらうときに、補足説明にも活用できます。

シート **d** 子ども版

小学校高学年以上の子どもや保護者に✓してもらってもよいでしょう。支援者も同時に行えば、ニーズの違いや認識のずれなどに気づくこともできます。

発見2 自分に合う学習方法

学習方法シート

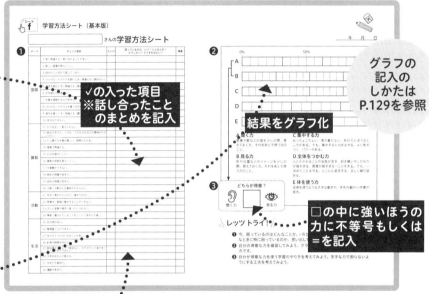

✓の入った項目
※話し合ったこと
のまとめを記入

結果をグラフ化

グラフの
記入の
しかたは
P.129を参照

□の中に強いほうの
力に不等号もしくは
＝を記入

基本版 基本版では✓するのが難しいような場合に、使用します。子ども・保護者に✓してもらうときに、補足説明にも活用できます。

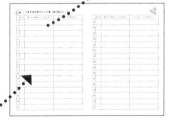

 自己記入シート

「つまずき分析チェック表　子ども版」を見ながら、記入。もしくは、「学習方法シート」欄がせまいので、ここにいったん記入してみてもよい。

 学習方法シート
（詳しい版）

子どもや保護者に手渡すための学習方法シート（基本版）より、記入スペースを広くとっています。支援者が多く書き込みたいときに使ったり、子どもや保護者と話合いをしながら支援者が記入したりしてもよいでしょう。

本書に収録されているシートの データ名 一覧 📄データ名

つまずき分析チェック表

 基本版

 チェックグラフ

 詳しい版

📄 b: つまずき分析 チェックグラフ

※このデータ は a の 2 枚目 になります。

📄 a：つまずき分析チェック表 基本版

📄 c：つまずき分析チェック表 詳しい版

 子ども・ 保護者版

 自己チェック シート

📄 d：つまずき分析チェック表 子ども・ 保護者版

📄 e：自己チェックシート

学習方法シート

 基本版

 学習方法シート （詳しい版）

📄 f：学習方法シート 基本版

📄 g：学習方法シート 詳しい版

ここで使うシートのダウンロードのしかた───────

本書で使用するシートなどはデータ（PDF）で作られています。以下のサイトから、データをダウンロードし、A4 サイズなどの紙に出力してご活用ください。

シートデータ専用サイトでデータを取得する方法

ID 　4y3k6

PW 　uuvfag4b

上位の QR コードをスマートフォンやタブレットで読み取るか、
https://gbc-library.gakken.jp/ にアクセスし、Gakken ID でログインしてください（お持ちでない方は Gakken ID の取得が必要になります。詳しくはサイト上でご案内しています）。
ログイン後「コンテンツ追加」をクリックし、ID・パスワード（PW）を入力すると、プリント教材データをご利用になれます。

【ご注意ください】

● 書籍『ワーキングメモリによる実態把握と学習支援ができる本』をご購入いただいた方のためのサイトです。
　※図書館貸出や譲渡された方はご利用いただけません。
● データを印刷してご利用になる際には、適宜、拡大・縮小し、適当なサイズの紙をご用意ください。
● データの使用には、PDF を利用するためのアプリケーションソフトが必要となります。お客様のインターネット環境およびプリンターの設定等により、データをダウンロード・表示・印刷できない場合、当社は責任を負いかねます。
● ダウンロードは無料ですが、通信料はお客様のご負担になります。

つまずき分析チェック表（基本版）

テーマ	チェック項目	A	B	C	D	E	F
記入例	チェック項目内容　※該当する場合はチェック		✓			✓	✓
	チェック項目内容　※該当しない場合は打ち消し線						
ア．口頭表現	1. 言い間違い、言い忘れをする。						
	2. 新しい言葉を覚えにくい。						
	3. 一方的に話す。						
イ．読み	4. かな文字を読み間違える、読めない。						
	5. 漢字を読み間違える、読めない。						
	6. 文を読むのが苦手である。						
	7. 文章を理解するのが苦手である。						
ウ．書き	8. かな文字を書くのが苦手である。						
	9. 漢字の書きを間違える・書けない。						
	10. 作文ができない。						
エ．算数	11. ものを正しく数えられない。						
	12. 数の大きさや桁の意味がわからない。						
	13. たし算やひき算が難しい、時間がかかる。						
	14. 筆算で間違う。						
	15. 九九を覚えにくい。						
	16. 算数の用語を覚えにくい。						
	17. 文章題ができない。						
	18. 時計の問題が苦手である。						
	19. 図形の問題が苦手である。						
	20. 小数、分数などの算数の概念がわかっていない。						
オ．授業態度	21. 教師の指示どおりにできない。						
	22. 授業中、集中して学習ができない。						
	23. 姿勢正しく椅子に座っていることができない。						
	24. 黒板をノートに写すのが遅い。						
カ．生活	25. 忘れ物が多い。						
	26. 整理整頓ができない。						
	27. 友だちとのトラブルが多い。						
	28. 約束や時間を守れない。						
	29. 感覚過敏がある。						
	30. 視覚のゆがみがある。						
	31. 手先が不器用である。						
	32. 運動が苦手である。						
	割合						
	合計点	/16	/19	/19	/13	/10	/8

つまずき分析チェックグラフ

| | 0% | 50% | 100% |

A

B

C

D

E

F

つまずき分析チェック表の タイプ結果	Aタイプ	Bタイプ	Cタイプ	Dタイプ	Eタイプ	Fタイプ
	言語領域	視空間領域	ADHDの特性	ASDの特性	DCDの特性	家庭環境の問題

つまずき分析チェック表（基本版）記入方法

1. チェック内容に該当する項目の白い空欄に✓を入れます。記入例のように横の欄はすべて✓を入れます。チェック内容に該当しない項目は記入例のように打ち消し線（横線）を入れます。

2. チェックをすべて終えたら、✓の数を数え、下の合計最高点の欄に✓数の合計を書き込みます。

3. それぞれの割合を計算します。割合（％）＝合計最高点の分子÷合計最高点の分母×100

   （例）A欄の✓数が12個だったとすると、12（合計最高点の分子）÷16（合計最高点の分母）= 0.75 さらに0.75×100 = 75 割合は75％になります。割り切れない場合は、1000分の1の数を四捨五入します。

   B～Fの欄も同様に計算します。

つまずき分析チェックグラフ記入方法

1. つまずき分析チェック表（基本版）のA欄の✓数合計だけグラフのAのメモリを塗りつぶします。

2. 同様にB欄の✓数合計をグラフのBに、C欄の✓数合計をグラフのCに入れます。順にFまで記載して完了します。

◎グラフの塗りつぶしたメモリが弱いところになり、白い部分のメモリが強いところになります。

シート C つまずき分析チェック表（詳しい版）

A. 口頭表現

1. 言い間違い、言い忘れをする。
該当したらチェック
- □ 一部の音を言い間違える。「チョコレート」を「チョコリート」などと言ったりする。
- □ 長い言葉を言い間違える。
- □ 話している途中で急に無言になる。
- □ 一度、間違えて覚えた言葉の修正がきかない。

2. 新しい言葉を覚えにくい。
該当したらチェック
- □ 語彙が少ない。
- □ 友だちの名前や地名などをなかなか覚えられない。
- □ 名前をとっさに思い出せず、「あれ」「それ」などと言ったりする。

3. 一方的に話す。
該当したらチェック
- □ 相手が話し終わる前に、自分が話し始める。
- □ 質問を最後まで聞かずに、聞かれていることとは違うことを話す。
- □ 一方的に自分の話をする。
- □ 文脈に合わないことを話す。

B. 読み

4. かな文字を読み間違える、読めない。
該当したらチェック
- □ 文字を見て、なかなか音を思い出せない。
- □ 「ちゃ」を「ちゅ」と読んだり、「きって」を「きて」と読んだりするなど、拗音、促音の読み間違いが多い。
- □ カタカナが読めない、読み間違う。

5. 漢字を読み間違える、読めない。
該当したらチェック
- □ 漢字の読みを覚えられない。
- □ 漢字を読み間違える。
- □ 「学ぶ」を「がくぶ」と読むなど、漢字の音読みと訓読みを読み分けることが難しい。
- □ 小学校2年以降、読める漢字がなかなか増えない。

6. 文を読むのが苦手である。

該当したら
チェック

- □ 一文字ずつ読むといった「ひろい読み」をする。
- □ 文字や単語を読み飛ばす。
- □ 読むのに時間がかかる。
- □ 文字を読みたがらない。。

7. 文章を理解するのが苦手である。

該当したら
チェック

- □ 文を読むことはできるが、意味を理解することができない。
- □ 一行読み飛ばして、いつの間にか次の行を読んでいても気づかない。
- □ 文を声に出して読めるが、内容を理解していない。
- □ 国語の文章題に正しく答えられない。
- □ 文章の中の「それ」「あれ」が何を示しているのかわからない。

C. 書き

8. かな文字を書くのが苦手である。

該当したら
チェック

- □ 書いた文字の線や形が間違えている。
- □ 文字が乱雑で、何を書いたのかほかの人には読みにくい。
- □ 促音を大きな「つ」と書いたり、「きゅ」を「きょ」と書いたり、促音や拗音を正しく書けない。

9. 漢字の書きを間違える・書けない。

該当したら
チェック

- □ 書いた漢字の線が多かったり、少なかったり、突き出ていたり、形を間違えていたりする。
- □ 漢字の線や形が乱雑で、何の漢字を書いたのかほかの人にはわからない。
- □ 漢字を書きたがらない。
- □ 文を書くとき、漢字をすべてひらがなで書く。

10. 作文ができない。

該当したら
チェック

- □ 文を書くのが苦手である。
- □ 文を書きたがらない。
- □ 文を書こうとすると、手が止まってしまう。
- □ 書いた文が乱雑で読めない。
- □ 書いた文が極端に短く、意味をなしていない。

D. 算数

11. ものを正しく数えられない。

該当したら
チェック

- ☐ 5つ以下の対象をぱっと見て、いくつあるかわからない。
- ☐ 数えた数と対象の数が合わない。
- ☐ ものを数えるとき、どれを数えたか、忘れてしまう。
- ☐ ものを数えるとき、同じ対象を繰り返し、数える。

12. 数の大きさや桁の意味がわからない。

該当したら
チェック

- ☐ 2つの数、例えば、6と9のどちらが大きいか、すぐにわからない。
- ☐ 12の前が11であるなど、数の関係がすぐにわからない。
- ☐ 10が10個で、100、100が10個で1000になることがわからない。

13. たし算やひき算が難しい、時間がかかる。

該当したら
チェック

- ☐ 2年になっても、一桁のたし算の答えを覚えていない。
- ☐ たし算やひき算をするとき、指を使う。
- ☐ 繰り上がりや繰り下がりがあると、たし算やひき算の答えを間違う。
- ☐ 文脈に合わないことを話す。

14. 筆算で間違う。

該当したら
チェック

- ☐ 筆算の答えを間違える。
- ☐ 23+46など2桁以上の数の加減算を行うため、縦に数を書きなおすとき、桁がそろっていない。

15. 九九を覚えにくい。

該当したら
チェック

- ☐ 九九の答えをすぐに思い出すことができない。
- ☐ 九九の特定の段を覚えていない。
- ☐ 九九の特定の答えを間違える。

16. 算数の用語を覚えにくい。

該当したら
チェック

- ☐ 「三角形」「頂点」などの算数の用語を覚えられない。
- ☐ 算数の用語を間違えて覚えている。

17. 文章題ができない。

該当したら
チェック

- □ 文章題で何を問われているのか理解できない。
- □ 文章題を最後まで読まず、文章題の中の数で適当に計算式を作って、答えを出す。
- □ 計算はできるが、文章題はできない。
- □ 文章題で書かれていることを図や絵に表すことができない。

18. 時計の問題が苦手である。

該当したら
チェック

- □ 時計を正しく読んで、時間を言うことができない。
- □ 何時と何時間を区別することができない。
- □ 何時間後、何時間前をイメージすることができない。

19. 図形の問題が苦手である。

該当したら
チェック

- □ 三角形、正方形などの図形をうまくかくことができない。
- □ 図形をイメージ上で動かしたり、変形したりすることができない。
- □ 図形の高さなどを定規などで正確に測ることができない。

20. 小数、分数などの算数の概念がわかっていない。

該当したら
チェック

- □ 小数どうしの計算をするとき、小数点をそろえることをしない。
- □ 分数どうしのたし算をするとき、分母どうし、分子どうしを加えるなどして、間違える。
- □ 2つ以上の分数や小数の大小を判断することができない。

E. 授業態度

21. 教師の指示どおりにできない。

該当したら
チェック

- □ 指示した活動がしばしばできない。
- □ 指示した活動とはしばしば別のことをしている。

22. 授業中、集中して学習ができない。

該当したら
チェック

- □ 授業とは関係のない発言をする。
- □ 授業中、体をゆすっていたり、立ち歩いたりする。
- □ 授業中、周りの子どもにちょっかいを出したり、ふざけたりする。

23. 姿勢正しく椅子に座っていることができない。

該当したら
チェック

- ☐ 授業中、背筋を伸ばして椅子に座っていることができない。
- ☐ 授業中、机にうつ伏せになったり、椅子に身体をだらんとして座っている。
- ☐ 話を聞くとき、視線を話す人の方に向けていない。

24. 黒板をノートに写すのが遅い。

該当したら
チェック

- ☐ ほかの子どもが黒板をノートに写し終えているのに、まだ、写し終わっていない。
- ☐ 板書をノートに写すだけで、授業が終わってしまう。

F. 生活

25. 忘れ物が多い。

該当したら
チェック

- ☐ 体操服や定規など授業で使う物を持ってくるのを忘れることが多い。
- ☐ 提出物やプリントなどを家庭に持って帰り、そのままにしておくことが多い。
- ☐ 宿題など、やるべきことを忘れてしまうことが多い。

26. 整理整頓ができない。

該当したら
チェック

- ☐ 机やその周りに、教科書やノート、プリントが乱雑に散らかっている。
- ☐ 洋服などを脱ぎっぱなしで、部屋に無造作に置いておく。
- ☐ プリントなどが乱雑に置かれて、必要なとき、どこにあるのか、わからなくなる。

27. 友だちとのトラブルが多い。

該当したら
チェック

- ☐ 友だちとよく言い争いをする。
- ☐ 友だちの気持ちを察して、言動を調整することができない。
- ☐ 自分の勝ちにこだわる。
- ☐ 自分の興味あることを一方的に話す。
- ☐ 自分の言ったことやしたことを忘れてしまい、友だちと話に食い違いが生じる。

28. 約束や時間を守れない。

該当したら
チェック

- □ 自分が約束したことを忘れてしまう。
- □ 待ち合わせや集合の時間を忘れてしまう。
- □ 宿題を終わらせたり、到着するための時間の目安をイメージすることができない。

29. 感覚過敏がある。

該当したら
チェック

- □ 普通の部屋の明かりをまぶしいと言う。
- □ がやがやした音が気になり、我慢できないと言う。

30. 視覚のゆがみがある。

該当したら
チェック

- □ 横書きや縦書きによって読みやすさが大きく変わる。
- □ 文字のフォントによって読みやすさが大きく変わる。
- □ 文の区切りがわかりにくい。
- □ 漢字表のそれぞれの漢字を区別することができない。

31. 手先が不器用である。

該当したら
チェック

- □ はさみで思いどおりに切れない。
- □ 鉛筆で書くとき、筆圧が強すぎたり、弱すぎたりし、線を思いどおりに書けない。
- □ 箸で上手に食べることができない。
- □ 工作が苦手である。

32. 運動が苦手である。

該当したら
チェック

- □ ボールを思いどおりに投げたり、受けたりできず、ボール遊びが苦手である。
- □ 身体の動きがぎこちなく、縄跳び、跳び箱、鉄棒などができない。
- □ 走り方がぎこちなく、速く走れない。

つまずき分析チェック表（子ども版）

1. 言い間違える。言い忘れる。　　　　　　　□

2. 新しい言葉を覚えにくい。　　　　　　　　□

3. 自分のことばかり話してしまう。　　　　　□

4. ひらがな・カタカナを読むときに
   間違える（読めない）。　　　　　　　　　□

5. 漢字を読むときに間違える（読めない）。　□

6. 文を読むのが苦手だ。　　　　　　　　　　□

7　文章を理解するのが苦手だ。　　　　　　　□

8　ひらがな・カタカナを書くのが苦手だ。　　□

9　漢字を書くときに間違える（書けない）。　□

10. 作文ができない。　　　　　　　　　　　　□

11. ものを正しく数えられない。　　　　　　　□

12. 数の大きさや、1の位、100の位などの意味が
    わからない。　　　　　　　　　　　　　　□

13. たし算やひき算が難しい。時間がかかる。　□

14. 筆算で間違える。　　　　　　　　　　　　□

15. 九九を覚えにくい。　　　　　　　　　　　□

16. 算数の用語を覚えにくい。　　　　　　　　□

自分でチェックしてみましょう。チェックができたら P130 ～ P131 の
表に記入していきましょう。

17. 文章題ができない。　　　　　　　　　　□

18. 時計の問題が苦手だ。　　　　　　　　　□

19. 図形の問題が苦手だ。　　　　　　　　　□

20. 小数、分数などの意味がわからない。　　□

21. 先生に言われたとおりに進められない。　□

22. 授業中、勉強に集中することができない。　□

23. 正しい姿勢で椅子に座っていられない。　□

24. 黒板に書かれていることをノートに写すのが遅い。　□

25. 忘れ物が多い。　　　　　　　　　　　　□

26. 整理整とんができない。　　　　　　　　□

27. 友だちとけんかになることが多い。　　　□

28. 約束や時間を守れない。　　　　　　　　□

29. 教科書がまぶしくて読めない、
　　がやがやした音が気になり、がまんできない。　□

30. 文字がゆがんで見える。　　　　　　　　□

31. 手先が不器用だ。　　　　　　　　　　　□

32. 運動が苦手だ。　　　　　　　　　　　　□

つまずき分析チェック表（自己記入シート）

	チェック	困っているのはいつ？ どんなとき？	どうしたい？ どうすればいい？
1			
2			
3			
4			
5			
6			
7			
8			
9			
10			
11			
12			
13			
14			
15			
16			

	チェック	困っているのはいつ？ どんなとき？	どうしたい？ どうすればいい？
17			
18			
19			
20			
21			
22			
23			
24			
25			
26			
27			
28			
29			
30			
31			
32			

学習方法シート（基本版）

 ❶

| | さんの**学習方法シート** |

テーマ	チェック項目	チェック	困っているのは、いつ？ どんなとき？ どうしたい？ どうすればよい？	順番
国語	1. 言い間違える。言い忘れることが多い。			
	2. 新しい言葉を覚えにくい。			
	3. 自分のことばかり話してしまう。			
	4. ひらがな・カタカナを読むときに間違える（読めない）。			
	5. 漢字を読むときに間違える（読めない）。			
	6. 文を読むのが苦手だ。			
	7. 文章を理解するのが苦手だ。			
	8. ひらがな・カタカナを書くのが苦手だ。			
	9. 漢字を書くときに間違える（書けない）。			
	10. 作文ができない。			
算数	11. ものを正しく数えられない。			
	12. 数の大きさや、1の位、100の位などの意味がわからない。			
	13. たし算やひき算が難しい。時間がかかる。			
	14. 筆算で間違える。			
	15. 九九を覚えにくい。			
	16. 算数の用語を覚えにくい。			
	17. 文章題ができない。			
	18. 時計の問題が苦手だ。			
	19. 図形の問題が苦手だ。			
	20. 小数、分数などの意味がわからない。			
活動	21. 先生に言われたとおりに進められない。			
	22. 授業中、勉強に集中することができない。			
	23. 正しい姿勢で椅子に座っていられない。			
	24. 黒板に書かれていることをノートに写すのが遅い。			
生活	25. 忘れ物が多い。			
	26. 整理整とんができない。			
	27. 友だちとけんかになることが多い。			
	28. 約束や時間を守れない。			
	29. 教科書がまぶしくて読めない。がやがやした音が気になり、がまんできない。			
	30. 文字がゆがんで見える。			
	31. 手先が不器用だ。			
	32. 運動が苦手だ。			

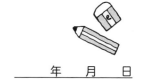

②

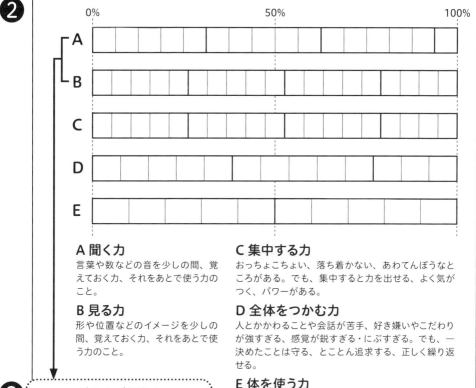

0%　　　　　　　　　　　　　50%　　　　　　　　　　　100%

A
B
C
D
E

A 聞く力
言葉や数などの音を少しの間、覚えておく力、それをあとで使う力のこと。

B 見る力
形や位置などのイメージを少しの間、覚えておく力、それをあとで使う力のこと。

C 集中する力
おっちょこちょい、落ち着かない、あわてんぼうなところがある。でも、集中すると力を出せる、よく気がつく、パワーがある。

D 全体をつかむ力
人とかかわることや会話が苦手、好き嫌いやこだわりが強すぎる、感覚が鋭すぎる・にぶすぎる。でも、一決めたことは守る、とことん追求する、正しく繰り返せる。

E 体を使う力
全身を使うような大きな動きや、手先の細かい作業が苦手。

③

どちらが得意？

聞く力　　　　　　　　見る力

＼ レッツ トライ！ ／

❶ 今、困っているのはどんなことか、✓のところを確認してみよう。いつ、どんなときに特に困っているのか、思い出してみよう。

❷ 自分の得意な力を確認してみよう。グラフの白いところが多いほうが得意な力です。

❸ 自分が得意な力を使う学習のやり方を考えてみよう。苦手な力で困らないようにする工夫を考えてみよう。

学習方法シート（詳しい版）

国 語

1. 言い間違える。言い忘れることが多い。
2. 新しい言葉を覚えにくい。

   > 今、困っている学習内容

3. 自分のことばかり話してしまう。

   > 今、困っている学習内容

4. ひらがな・カタカナを読むときに間違える（読めない）。
5. 漢字を読むときに間違える（読めない）。

   > 今、困っている学習内容

6. 文を読むのが苦手だ。
7. 文章を理解するのが苦手だ。

   > 今、困っている学習内容

8. ひらがな・カタカナを書くのが苦手だ。 □
9. 漢字を書くときに間違える（書けない）。
10. 作文ができない。

> 今、困っている学習内容

こんなことに取り組もう

算数

11. ものを正しく数えられない。

12. 数の大きさや、１の位、１００の位などの意味がわからない。

13. たし算やひき算が難しい。時間がかかる。

14. 筆算で間違える。

今、困っている学習内容

---

15. 九九を覚えにくい。

16. 算数の用語を覚えにくい。

17. 文章題ができない。

今、困っている学習内容

---

18. 時計の問題が苦手だ。

19. 図形の問題が苦手だ。

20. 小数、分数などの意味がわからない。

今、困っている学習内容

こんなことに取り組もう

21. 先生に言われたとおりに進められない。

22. 授業中、勉強に集中することができない。

23. 正しい姿勢で椅子に座っていられない。

24. 黒板に書かれていることをノートに写すのが遅い。

今、困っている学習内容

こんなことに取り組もう

25. 忘れ物が多い。
26. 整理整とんができない。
27. 友だちとけんかになることが多い。
28. 約束や時間を守れない。

> 今、困っている学習内容

---

29. 教科書がまぶしくて読めない。
    がやがやした音が気になり、がまんできない。
30. 文字がゆがんで見える。
31. 手先が不器用だ。
32. 運動が苦手だ。

> 今、困っている学習内容

こんなことに取り組もう

問題に対する
対策例

🦻 言語領域が弱い場合　　👁 視空間領域が弱い場合

A. 口頭表現

1. 言い間違え、言い忘れをする。 ……………………… 🦻

- 支援者の口元に注意を向けさせ、支援者がゆっくり、はっきりと発声し、続けて、子どもに反復させる。このことを繰り返す。長い言葉の場合、2つに区切り、それぞれを反復させ、正確に言えるようになったら、1つの言葉として反復させる。

2. 新しい言葉を覚えにくい。 ……………………………… 🦻

- 知らない言葉をノートに書き、その簡単な意味を言葉で説明するとともに、絵や図を書いて、意味を表現する。

3. 一方的に話す。 ……………………………………………………

- 具体的な場面を想定し、その場面での話し方のルールを考え、そのルールをノートなどに文字で書き、そのような場面を経験したとき、自分がそのルールを守れたかどうかを確認する。

B. 読み

4. かな文字を読み間違える、読めない。 ………………

- 言葉を構成する音を意識的に考えるトレーニングをすることで、音韻意識の発達を促す（P.17、図1参照）。
- しりとりやかるたなどの言葉遊びを行う。

5. 漢字を読み間違える、読めない。 …………………

- 漢字の旁を調べ、同じ旁の共通性を考え、その漢字の成り立ちや意味をまとめる。
- 教科書の読みのわからない漢字をノートに書き出し、その読みと意味を加え、リストを作る。
- 漢字を構成部分に分け、覚えやすい語呂合わせを考える。

6. 文を読むのが苦手である。 ……………………………

- 文節または文の短いまとまりごとに、支援者が音読したあと、子どもが繰り返し音読する。このことを繰り返し、次第に読むまとまりを長くしていく。
- 読む文の箇所を指で押さえたり、読む行の左右の行を紙で隠すなど、読む箇所に注意を向けやすくする。

7. 文章を理解するのが苦手である。 …………………

- 文章に繰り返し出てくる言葉や表現をキーワードとして、〇で囲み、それらの関係を図に描いて、言葉で説明する。
- 段落で一番大切だと思う文を選んで、線を引き、どうして大切だと思うのか、言葉で説明する。
- 読む行の左右の行を紙で隠すなど、読む箇所に注意を向けやすくする。

C. 書き

8. かな文字を書くのが苦手である。 ························

- かなの線やパーツを見本に従って、写す練習をする（P.58 参照）。
- かなを線やパーツで色分けして、見本を作成し、それを視写する練習をする。
- かな文字を書くときのルールを説明し、文字で書いて、明示する。

9. 漢字の書きを間違える・書けない。 ·····················

- 漢字やかなの線やパーツを見本に従って、写す練習をする（P.58、p.80 参照）。
- 漢字の偏やつくりを色分けして、見本を作成し、それを視写する練習をする。
- ひらがなだけの文と漢字を含む同じ文を読ませ、読みやすさを比較し、漢字で書くことの意義を納得させる。

10. 作文ができない。 ···

- 子どもに今日の出来事をまず、口頭で時間軸に沿って語らせ、それをスマートフォンなどに録音する。その後、録音した音声を聞きながら、文字にして、文章を整える。
- 書きたいテーマを決め、思い出すこと（言葉）を紙一面に広く、書きだし、その関係を線で結ぶ。次に、思い出したことを線でつないで書き足していく。最後に、その図を文章にまとめる。

D. 算数

11. ものを正しく数えられない。

- 10個の具体物（例えば、積み木）を用意して、任意の数を子どもに見せ、いくつあるか、答えさせる。
- 0と20（または100）を左右に書いた直線を子どもに見せ、任意の数（例えば、8）が直線のどのあたりになるかを指で示すように伝える（P.100参照）。

12. 数の大きさや桁の意味がわからない。

- 口頭で子どもと数の関係についてのクイズで遊ぶ。例えば、5の前の数は何ですか、6の2つ後ろの数はなんですか、7と9はどちらが大きいですか、など。

13. たし算やひき算が難しい、時間がかかる。

- 身近な具体物（鉛筆、消しゴム、ノート、教科書など）を用意し、子どもの前に任意の数をランダムに並べ、物を指さしながら声に出して数えるトレーニングを行う。
- 具体物から積み木やカードなどのより均一で抽象的な物に変えて、トレーニングを行う。
- 同様に、物を利用して、数えるだけでなく、加算や減算のトレーニングも行う。

14. 筆算で間違う。

- マス目のあるノートを利用して、計算を行う。マス目に沿って、桁を揃える練習を行う。

15. 九九を覚えにくい。

- 数の読みを「いち、に、さん、よん、ご、ろく、しち、はち、きゅう」の通常の読み方で統一する。例えば、「さんぱにじゅうし」ではなく、「さんはちにじゅうよん」と覚える。

16. 算数の用語を覚えにくい。

- 用語、読み方、意味を一覧にした表を作成し、用語の分野ごとに分類する。その一覧を繰り返し声を出して読み、用語の意味を確認し、支援者が一覧をもとにクイズを出す。

17. 文章題ができない。

- 文章題で条件として与えれた数に線を引き、求められていることを○で囲む。
- 文章題で描かれている状況を図や表で示す。

18. 時計の問題が苦手である。

- 時計の読み方について、ルールを文字や図でスモールステップにして記載し、そのルールの手順に従って時計を読む。
- 何時と何時間の違い、時間の経過を図に描く。

19. 図形の問題が苦手である。

- 三角形や四角形の描き方をルールで文字や図でスモールステップにして記載し、そのルールの手順に従って図形を描く。
- 割り箸と輪ゴムで三角形や四角形を作り、それを変形しながら、どこが底辺で、どこが高さなのかを示す。

20. 小数、分数などの算数の概念がわかっていない。

- 小数や分数の計算をするとき、どの数とどの数を加えるかなど

についてのフローチャートを図に描き、それを見ながら、計算を行う。

- 分数や小数の大小についての判断のルールを文字や図で描く。

E. 授業態度

21. 教師の指示通りにできない。 ································ 👂

- 教師の指示をICT機器に録音する。
- 教師に指示を文字に書いてもらうように配慮を依頼する。

22. 授業中、集中して学習ができない。 ·············· 👂

- 教師の前の方に座席を配置してもらい、余分な刺激が目に入らないようにする。
- ノイズキャンセリングイヤフォンを着装し、余分な音の刺激を遮断する。

23. 姿勢正しく椅子に座っていることができない。 ··

- 姿勢をまっすぐにして座るトレーニングを行う。
- 腰とすねで姿勢を支え、まっすぐに座る椅子を利用する。

24. 黒板をノートに写すのが遅い。 ····················· 👂

- 黒板をタブレットで写真に撮り、その写真を手元で見ながら、ノートに写す。

F. 生活

25. 忘れ物が多い。 ⋯⋯⋯⋯⋯⋯⋯⋯⋯⋯⋯⋯⋯⋯⋯⋯⋯⋯

- 忘れ物をしないためにどうしたらよいかを考え、帰宅後、するべきことや明日の持ち物をチェックして、紙に書き、実施の計画を立てるなどのルールを決める。個々の場面で忘れ物をしたとき、その原因を考え、その後に生かすための方法を考える。

26. 整理整頓ができない。 ⋯⋯⋯⋯⋯⋯⋯⋯⋯⋯⋯⋯⋯⋯⋯

- 教科書、ノート、プリント、提出物などを置く場所やファイルを決めて、帰宅後、持ち物をそこに整理して置くようにルールを決める。それでも机や部屋が乱雑になるときは、休みごとに、整理する。こうしたことができたかどうかのチェックシートを作り、できたときは、○を記入し、○がたまったとき、なんらかの報酬を自分で自分に与える。

27. 友だちとのトラブルが多い。 ⋯⋯⋯⋯⋯⋯⋯⋯⋯⋯⋯⋯

- 3コマのイラスト図を用意して、友だちと本人のやりとりの場面を吹き出しなどを用いて、描く。吹き出しにどのような言葉を入れたらよいかを一緒に考え、記入する。そのうえで、そのやりとりを友だちと本人の役割を交代しながら、演じて、練習をする。そのイラスト図をファイルにして、何かトラブルがあったときには、そのイラスト図を見て、反省したり、さらに新しいイラスト図を作成したりする。

28. 約束や時間を守れない。 ⋯⋯⋯⋯⋯⋯⋯⋯⋯⋯⋯⋯⋯⋯

- 約束や時間を守るためにどうしたらよいかを考え、時間や約束を紙に書いて貼り出すなどのルールを決める。

- 個々の場面で約束や時間を守れなかったとき、その原因を考え、その後に生かすための方法を考える。
- 約束を文字に書いたり、ボイスレコーダー（スマートフォン）に録音したりして、記録に残す。

29. 感覚過敏がある。

- サングラスなどのメガネを利用する。
- ノイズキャンセリンフォンなどを利用する。

30. 視覚のゆがみがある。

- 文章をパソコンやタブレットなどに読み込み、見やすいような大きさやフォントに変える。分かち書きになるように文章を変換したり、漢字のパーツを色分けしたりする。

31. 手先が不器用である。

- 鉛筆を握る補助道具を利用する。
- 箸で小豆を挟んで、移動するなどの練習を行う。。

32. 運動が苦手である。

- 動画サービスなどで短い体操やストレッチのプログラムを探し、スマートフォンで毎日実践する。
- 動画サービスなどで短い瞑想などマインドフルネスのプログラムを探し、実践することで、自分の身体に関する感覚を養う。

ワーキングメモリ（WM）チェックリスト

☑ 項目をチェックしてみよう！

ワーキングメモリ（WM）チェックリスト

☐ （課題への取り組み）**教師の指示どおりにできない。**

☐ （課題への取り組み）**作業の進行状況がわからなくなる。**

☐ （課題への取り組み）**同時にいくつかのことが求められる課題に失敗する。**

☐ （課題への取り組み）**複雑な課題に失敗する。**

☐ （授業の態度）**板書がうまく写せない。**

☐ （授業の態度）**話し合いに積極的に参加できない。**

☐ （授業の態度）**挙手が少ない。**

☐ （授業の態度）**うわの空になることが多い。**

☐ （学習）**漢字がなかなか覚えられない。**

☐ （学習）**読みがスムーズに行えない。**

☐ （学習）**算数の計算や文章題が解けない。**

☐ （日常生活）**忘れ物が多い。**

☐ （日常生活）**なくし物が多い。**

授業場面におけるワーキングメモリの問題チェックリスト

☑ 項目をチェックしてみよう！

> 授業場面におけるワーキングメモリの問題
> チェックリスト

● 言語的短期記憶の問題

　□ 教師の指示をすぐに忘れる。

　□ 国語の時間、読みのミスが多い。

　□ 算数の時間、九九がなかなか覚えられない。

　□ 外国語活動のときなど、外国語の耳慣れない言葉をまねして繰り返すことが苦手。

● 言語性ワーキングメモリの問題

　□ 話し合いのある活動になかなか入れず、また話についていけない。

　□ 作文や日記を書くのが苦手。

　□ 国語の時間、読解問題につまずく。

　□ 算数の時間、文章題につまずく。

● 視空間的短期記憶の問題

　□ 黒板の文字をノートに書き写すのが遅い。

　□ アナログ時計を読むのに時間がかかる。

　□ 算数の時間、三角形や四角形の性質について理解しにくい。

　□ 図工の時間、絵や模様などを描き写すのが苦手。

● 視空間性ワーキングメモリの問題

　□ 体育の時間、ラジオ体操やダンスなどの一連の動作を覚えるのが苦手。

　□ 理科の時間、複数の実験器具を操作しながら実験を行うのが苦手。

あとがき

　筆者は、ここ 15 年来、ワーキングメモリ理論を生かした児童生徒の学習支援についての研究を行ってきました。ワーキングメモリのアセスメントをコンピュータで行う HUCRoW（フクロウ）というプログラムを開発し、児童生徒の基礎データを全国で収集しました。そのうえで、主に学習上の問題を抱える児童生徒を対象にアセスメントを行い、それらの問題を分析し、支援の方法について考えてきました。その成果を踏まえ、ワーキングメモリ理論についてわかりやすく紹介したのが「ワーキングメモリを生かす効果的な学習支援〜学習困難な子どもの指導方法がわかる！〜」（学研プラス）（2017 年 7 月 12 日刊行）でした。本書は、この前書の続編になります。

　前書では、ワーキングメモリについての基本的な考え方、ワーキングメモリのモデル、ワーキングメモリのアセスメント、読み書きや算数に問題を示す典型的なワーキングメモリプロフィールのモデルを取り上げ、解説を行いました。一方で、うちの子どもは、掲載されているモデルに当てはまらないという声も多数寄せられています。それは、前書では、ワーキングメモリ理論と学習との関係をわかりやすくするために、できるだけ単純なケースを取り扱ったからです。前書では、本書で取り扱った子どもの困難や問題の原因のうち、A. 言語領域のワーキングメモリ（WM）、B. 視空間領域の WM、の 2 つの要因の組み合わせでした。もちろん、言語領域、視空間領域それぞれに、短期記憶と WM の違いがありますので、組み合わせのパターンによってかなりの割合の子どもの問題を説明できます。ところが、実際の子どもが抱える困難や問題にはより多くの要因が複合的に関与するので、複雑になります。

　そこで、本書では、前書で取り扱った 2 つの要因に加えて、C. 自閉スペクトラム症の特性、D. 注意欠如・多動症の特性、E. 発達性協

調運動症の特性、F. 家庭環境の問題、の 4 つの要因も取り上げました。そして、本書では、10 人の子どもたちをモデルとして紹介しています。この点が、本書と前書の大きな違いです。

　また、「はじめに」にも書きましたが、本書では、「つまずき分析チェック」を導入し、教師、保護者、支援者が直接、子どもの問題や困難の情報に基づいて、チェックシートを記入し、5 つの要因が関与する割合を推測できるようにしています。もちろん、簡易的な措置であり、実際の原因は、ワーキングメモリテストも含めた発達検査などを実施しないと正確に明らかにはなりません。しかし、「発達障害」と思われる子どもが学校にあふれ、発達検査を受けるのに長い間、待たされる現状では、とりあえず、このような簡易的な診断に基づいてすぐにでも可能な支援を行っていくことが問題や困難の解決につながります。

　また、本書をとおして、教師がワーキングメモリの理論を学び、多様なモデルが示す特徴と原因を理解することは、教室で多様な子どもが抱える問題や困難をより深く理解し、適切な支援の工夫を行う力にもつながります。一人ひとりの子どもの個性は、どれも同じではなく、個別最適な教育の方法は、異なっています。こうした個別最適な教育を考えていくうえで、子どもの個性を多面的な視点から把握することがとても重要です。教師、保護者、支援者、研究者が力を合わせていけば、子どもに明るい未来が拓けます。

2023 年 10 月　湯澤正通

著者プロフィール

湯澤　正通（ゆざわ　まさみち）

広島大学大学院教育学研究科教授

1992年広島大学大学院教育学研究科博士課程後期修了博士（心理学）。

＊〈文献〉湯澤正通（2022）『ワーキングメモリに配慮した「読み」「書き」「算数」支援教材』
明治図書

ワーキングメモリによる 実態把握と
学習支援ができる本
つまずき分析チェック表と学習方法シートつき

2023年10月 3日　第1刷発行

著　　　　者	湯澤正通
発　行　人	土屋徹
編　集　人	滝口勝弘
企画編集	東郷美和
編集協力	浅原孝子
デ ザ イ ン	藤崎知子（トライ スパイラル）
イ ラ ス ト	山村真代
発　行　所	株式会社Gakken 〒141−8416　東京都品川区西五反田2 - 11 - 8
印刷・製本所	大日本印刷株式会社

●この本に関する各種お問い合わせ先
本の内容については、下記サイトのお問い合わせフォームよりお願いします。
　https://www.corp-gakken.co.jp/contact/
在庫については　Tel 03-6431-1250（販売部）
不良品（落丁、乱丁）については　Tel 0570-000577
　学研業務センター　〒354-0045 埼玉県入間郡三芳町上富279-1
上記以外のお問い合わせは　Tel 0570-056-710（学研グループ総合案内）

●学研グループの書籍・雑誌についての新刊情報・詳細情報は、下記をご覧ください。
学研出版サイト　https://hon.gakken.jp/
ヒューマンケアブックスのサイト　https://www.gakken.jp/human-care/